DER MOTZER

Ralph Middeke

DER MOTZER

HEITERE GEDICHTE
ÜBER UNSER SCHEITERN IM ALLTAG

Bibliografische Information der Deutschen Nationalbibliothek
Die Deutsche Nationalbibliothek verzeichnet diese Publikation in der Deutschen Nationalbibliografie; detaillierte bibliografische Daten sind im Internet über http://dnb.d-nb.de abrufbar.

Die automatisierte Analyse des Werkes, um daraus Informationen insbesondere über Muster, Trends und Korrelationen gemäß §44b UrhG (»Text und Data Mining«) zu gewinnen, ist untersagt.

Verlag: BoD · Books on Demand GmbH, In de Tarpen 42, 22848 Norderstedt, bod@bod.de
Druck: Libri Plureos GmbH, Friedensallee 273, 22763 Hamburg

ISBN: 978-3-7693-3566-8

INHALT

VORWORT

Was denkt ein Fisch, der – vom Angler verschmäht – zurück ins Wasser geworfen wird? Die Verzweiflung eines Hausbesitzers, der einem Maulwurf dabei zuschauen muss, wie der seinen Garten umgräbt. Der unvergessliche Zauber eines kuscheligen Abends vor dem Kamin im Kreis der Familie. Die Magie des Puppenspielers, der uns mit wenigen Fingerzügen in märchenhafte Welten entführt. Das alte Karussell, das – jenseits aller Trends – bis heute durch seine Langsamkeit besticht. Die Angst vor dem Besuch beim Zahnarzt. Oder der »Motzer« – der ewig zweifelnde Weltverneiner, für den das Scheitern zur Obsession geworden ist und für den ganz sicher morgen die Welt untergeht. – Ein Panoptikum der Unzulänglichkeiten unseres Alltagslebens, Gereimtes und Ungereimtes, zum Schmunzeln, zum Nachdenken, manchmal zum Niederknien komisch ...

Ich gehe in meinem Leben spazieren. Ich beschreibe, was ich sehe. Die Faszination des Alltäglichen. Und ich weiß, dass das alles nicht neu ist. – Aber es bewegt mich. Die unfassbar schönen Momente eines nebligen Sonnenaufgangs. Die Ängste, die nachts unter unsere Bettdecke kriechen. Die Wut über die Steuer.

Wie ein Bildhauer die Figur in einem Stein freilegt, so versuche ich herauszufinden, was unseren Alltag so besonders macht. Die heiteren Dinge fasse ich in Reimform, weil sie sich so geschmeidiger lesen lassen. Die melancholischen Momente lasse ich unbehauen, weil sie – eckig und kantig – zum achtsamen Erfassen zwingen.

1960 geboren arbeite ich jetzt schon fast ein ganzes Leben lang mit Texten. Mit fünfzehn gründeten wir zu dritt unseren »Pen-Club« und lasen uns stolz unsere Kurzgeschichten vor. Nach der Berufsausbildung zum Werbekaufmann (Berufswunsch: Werbetexter) und dem Studium (Journalismus, Soziologie und Kunstgeschichte) konzipierte ich als Leiter Marketingkommunikation mehr als dreißig Jahre lang die komplette Kommunikation eines weltweit tätigen Industrieunternehmens.

In den letzten Jahren habe ich begonnen, meine Eindrücke in Gedichtform zu fassen. An eine Veröffentlichung habe ich zunächst nicht gedacht. Es ging mir eher um die Freude an der Arbeit mit Texten.

Der heiter-ironische Ephraim Kishon, der hintergründig lächelnde Loriot, Joachim Ringelnatz, Eugen Roth, sie sind bis heute einige meiner engsten Freunde geblieben. Immer im Bücherregal verfügbar waren sie mir oft genug Trost beim täglichen Scheitern im Kampf gegen die Tücken des Alltags. Es würde mich freuen, wenn ich Sie wider Erwarten neugierig gemacht haben sollte auf meine Sicht der Dinge.

VORLETZTER

Ich wär' so gern Vorletzter,
dann wär' ich nicht *ganz* schlecht,
und Erster wär' ich auch nicht –
das wäre mir sehr recht.

DER MOTZER

Da sitzt er in illustrer Runde
und weiß zu vorgerückter Stunde,
gramgebeugt, mit düst'rem Blick:
Vom Scheitern gibt es kein Zurück.

Was man auch sagt, er ist dagegen,
nichts findet seinen Segen,
Frohsinn bekämpft er bis auf's Messer,
selbst kann er nichts, weiß alles besser.

Wo andere nach vorne denken,
mit mut'gen Ideen sich beschenken,
vor Optimismus quasi strotzen –
er findet alles nur zum Kotzen.

Und so malt er aus dem Stand,
Bilder des Scheiterns an die Wand,
weiß viele schlechte Gründe,
warum's grad nicht zum Besten stünde.

Das Vergangene sei zum Vergessen,
auch die Gegenwart unterdessen,
die Zukunft sieht er schwarz bis grau,
wie's NICHT geht, weiß er ganz genau.

Frustriert von so viel guter Laune
sei er der Realist im Raume,
die Anderen, so seine Warnung,
die Ander'n hätten keine Ahnung.

Eigene Ideen – Fehlanzeige,
so stiehlt er sich von dannen feige,
»ja aber« war sein Lieblingswort,
dann trugen ihn die Götter fort.

Und so kam's wie's kommen muss,
das böse Ende folgt zum Schluss:
Der, für den immer alles schlecht,
hatte tatsächlich am Ende recht.

PS
Man nennt's in der Philosophie
die »self fulfilling prophecy«.
(sich selbst erfüllende Prophezeiung)

DER LICHTE MOMENT

Als zumeist irrlichternde Idioten
stolpern wir durch unser Leben,
als wär' das Nachdenken verboten,
beständig greifen wir daneben.

Und wenn dann doch wider Erwarten
der Intellekt uns übermannt,
wenn wir in höh're Sphären starten,
die wir zuvor kaum je gekannt,

ein Geistesblitz ganz unverstellt,
gleich einem unverhofften Schweben,
uns plötzlich das Gemüt erhellt,
dass wir uns dabei fast verheben,

dieser so rare lichte Moment
wird von uns leider meist verpennt.

MEINUNGSFREIHEIT

Die Meinungsfreiheit, sagt der Wurm,
die ist ein hehres Gute,
drum kriecht er an das Tageslicht –
und fällt prompt auf die Schnute.

Streckt mutig seinen Kopf heraus,
er will was sagen, forsch und laut,
und kriegt dafür auch noch Applaus –
'ne Amsel kommt, die ihn verdaut.

Hallo Frau Amsel, darf ich's wagen,
fragt er keck,
Ihnen während Sie kau'n
meine Meinung zu sagen –

dann ist er weg.

IM CAFÉ OHNE NAMEN

Im Café ohne Namen
saßen drei ältere Damen
und diskutierten die Lage.
Sie besprachen die Frage,
wer was mit wem hat,
bei einem Teller Nuss-Nougat.
So hielten Sie Gericht,
leicht machten sie 's sich nicht,
mit den neuesten Gerüchten –
»ich hätte gern die Torte mit Früchten«,
es tagte quasi das Höchste Gericht,
eine Verteidigung zur Sache gab es nicht.

So wurde allen Damen bald klar,
dass ohnehin früher alles viel besser war,
die News aus dem Orte
bei einem großen Stück Torte,
diskutierten die Drei –
»ach was, geb'n Se gleich zwei
von den leckeren Teilchen,
ich glaub, ich bleib noch ein Weilchen,
und bitte mit Sahne«,
zwitscherte die Dame.
Sie hatten die Kontrolle –
»mmh, diese Marzipan-Rolle«.

Es wurde kritisch gefragt,
nichts wurde vertagt
und nach vielen Sitzungsjahren,
die auch für die Drei nicht immer leichte waren,
von Angesicht zu Angesicht,
hatte ihr Wort im Ort Gewicht,
denn trotz Schokolade und Zimt
waren sie nur selten gnädig gestimmt.
Dann wurde eine abberufen und ohne viele Worte
kippte sie vornüber in die Früchtetorte.
Dort zuckte sie kurz und verendete schließlich,
da lächelten die beiden anderen süßlich.

Auf ähnliche Weise bei Kandis und Tee
war schließlich auch die Zweite passé
und bevor auch sie auf ähnliche Weise ihr Ende fand,
kündigte die Dritte –
und ging in den Ruhestand.

»KRONE DER SCHÖPFUNG«

Früher reichten Kamm und Seife,
gefragt bei Frauen war'n Charme und Reife,
Witz, Intellekt und guter Stil –
dies alles zählt heut' nicht mehr viel.
Wer heute gut »performen« will,
muss »stylish« sein – das ist der Thrill.

Wenn Männer sich die Haare geelen,
vor'm Spiegel ihre Falten zählen,
ihre »Problemzonen« erfassen,
sich zu viel Fett absaugen lassen,
sich so komplett neu definieren,
mit Kajal, Lippgloss sich verzieren.

Wer vorher nichts zu bieten hatte,
als eine blank polierte »Platte«,
lässt sich die Wüste jetzt bestücken
mit Haar von Achsel oder Rücken,
Schuhkolonnen in ihren Regalen,
astrale Bodies beim Sonnenaalen.

Nichts gegen gute Körperpflege,
doch vieles steht ihr dann im Wege,
Tuben, Pinsel oder Pasten,
Kuren, Diäten oder Fasten,
Mani- oder Pediküren –
oder sonstige Allüren.

Ist das der neue Männer-Chic?
Wie lautet jetzt der Weg zurück
von diesem eitlen Ego-Tripp?
Wie lautet jetzt,
so fragen sie,
'ne »coole« Exit-Strategie?

Solang die Lösung nicht gefunden,
braucht Mann vor'm Spiegel weiter Stunden.

SCHNÜRSENKEL

Noch früh am Morgen,
sehr in Eile,
gedrückt von Sorgen,
zurrt man die Seile.

Gebückt, gezogen, abgerissen,
hat jetzt vier Enden,
die Laune ist erst recht besch ...,
den Rest des Senkels in den Händen.

Flucht laut über die verkürzten Längen –
zu kurz, um sich dran aufzuhängen.

WEITES LAND

Weites Land,
freier Blick,
strahlend weißer Ostseestrand,
großes kleines Stück vom Glück.

Natur, sie spricht,
duftet, lebt,
schaut mir lachend ins Gesicht,
heile Welt, die mit mir schwebt.

Um mich nichts als sanfte Stille,
leise Dünung, helles Licht,
Biene summt und auch die Grille
arbeitet heut' nicht.

Weiter Horizont entrückt,
im Wind wogt leis' die Ähre,
tiefer Frieden mich beglückt –
kein Ort, wo ich jetzt lieber wäre.

SCHNECKE

Unter unseren Gartenhecken
fühlt sie sich besonders wohl,
ich kann sie aber auch entdecken
in Blumenbeeten und im Kohl.

Dies ist leider oft der Fall,
auch in der Petersilie,
im Grunde ist sie überall,
mit Bruder, Schwester und Familie.

Selbst unter Balken oder Bohlen
ist sie durchaus mobil,
schleicht sie sich auf leisen Sohlen
trotz ihrer Langsamkeit ans Ziel.

So schleimt sie sich durch's Leben,
durch Beete und durch Klee,
Regen ist für sie ein Segen,
dann geht sie auf Tournee.

Schmollt sie, dann zieht sie sich zurück,
Probleme sitzt sie gerne aus
und immer weiter, Stück für Stück,
verzieht sie sich ins Schneckenhaus.

Dort lässt es sich gut warten,
ohne dass es sie sehr stresse,
dann geht's zurück zum Garten,
zu Mohrrüben und Kresse.

Dass sie kein Rückgrat hätte
ist oftmals die Kritik,
charakterliche Defizätte
weist sie jedoch zurück.

Feinschmecker haben ihren Spaß,
fernab aller Diäten,
verschlingen sie sie gern en masse –
denn sie hat keine Gräten.

MAN MUSS WAS TUN

»Man muss was tun«, so sprach das Huhn
und packte seine Sachen.
»Statt immer weiter auszuruhn,
lass ich es richtig krachen.«

So stieg sie in den nächsten Bus
und fuhr in Richtung Stadt,
mit Faulsein war jetzt für sie Schluss,
sie hatte alles satt.

Dort aber fiel die Auswahl schwer,
ein Übermaß an Angebot,
und überall so viel Verkehr,
sie hatte wirklich große Not.

Sie mochte alles leiden,
Kino, Geschäfte und Museen,
doch sie konnt' sich nicht entscheiden
und ließ alles stehn.

Schließlich wurde sie sehr krank
und erst sehr spät zu ihrem Glück
entschloss sie sich dann Gott sei Dank
und fuhr wieder zurück.

Sanft nahm ihr Mann sie in den Arm
und konnt' sein Glück nicht fassen,
»Man muss was tun«, schmunzelte der Hahn –
»Man kann's aber auch lassen ...«

GEHEIMES TREFFEN

Ein Ohrwurm gräbt sich durch den Garten,
er ist noch jung und fit
und will nicht länger warten,
denn er hat Appetit.

Auf seinem Weg durch's Sediment,
unter des Rasens Narbe,
hat er komplett den Tag verpennt,
doch jetzt weckt ihn die Farbe.

An seines Ganges Ende
erkennt er nun ein Blinken,
kriecht rüber dann behände,
und sieht 'nen Glühwurm winken.

Der schwenkt seine Laterne
mit leuchtend grünem Licht,
das sieht man schon von ferne,
das übersieht man nicht.

Er winkt mit der Latüchte,
es scheint ihn sehr zu quälen,
die neuesten Gerüchte,
die will er jetzt erzählen.

Der Ohrwurm hört nicht weiter hin,
er ist ja noch ein Junger,
nach anderem steht ihm der Sinn,
er hat ganz einfach Hunger.

So kommt es wie es kommen muss
und das Gerücht verglüht,
der langen Rede kurzer Schluss –
es kam einfach verfrüht.

DRACHEN IM HERBSTWIND

Plötzlich bist du da
Direkt über mir
Am tiefblauen Oktoberhimmel
Lachst Du mir zu
Tanzt du lustig im Wind
In deinem bunten Kleid aus Packpapier
Mal ziehst du nach links
Dann drehst du dich nach rechts
Rauf und runter zappelst du
Und dann schlägst du
Übermütig gar einen Salto
Nur um mir zu gefallen
So scheint es mir fast
Wild ziehst du
An deinem langen Flatterschwanz
Schaust mit deinen runden Augen
Zu mir herunter
Und dein großer Mund lacht fröhlich

Flieg Drachen Flieg
Rufe ich dir zu
Immer höher trägt dich die warme Luft
Weithin hallt das Flattern
Deines papierenen Körpers im Wind
Flieg den Wolken nach
Flieg bis auf's Himmelsdach

Auf und ab taumelst du
Drehst und windest dich
In atemberaubendem Tempo
Flieg Drachen Flieg
Dahin wo unsere Träume sind

Doch deine Freiheit hat Grenzen
Ein kleines Mädchen steht auf dem Feld vor mir
Sie hält dich an der langen Leine
Gehorsam folgst du ihrem Willen
Die Nabelschnur, an der du hängst
Ist weit und fest
Gebannt steht sie dort
Schaut dir zu
Und gibt die Befehle

Und während ich ihr zusehe
Denke ich an meinen eigenen Drachen
Seh' meinen Vater neben mir
Auf dem herbstlichen Feld
Flieg Drachen Flieg
Rufe ich auch damals schon
Meinem Drachen zu
Und ich laufe, laufe gegen den Wind
Dann erhebt er sich, steigt steil empor
Rüttelt wild, von unsichtbaren Kräften hin und her geworfen

Schnell wie mein Drachen damals
Flog auch mein ganzes Leben an mir vorbei
Heute steh ich hier
Sehe das kleine Mädchen
Auch sie wird eines Tages
Am Feldrand einem Kind zuseh'n
Das mit seinem Drachen tanzt –
Einem wilden Leben entgegen
Das so schnell gelebt ist

Flieg Drachen Flieg !

STADT

Du presst uns alle dicht auf dicht,
betäubst uns,
überlärmst uns,
tötest,
gebärst uns,
du stirbst,
erfindest dich unaufhörlich neu,
produzierst,
unterhältst uns,
du bist unendliches Leid
und Glückseligkeit,
pulsierend durchströmst du uns,
du frisst uns,
würgst uns aus,
planst,
verwirfst,
entwickelst neu,
du liebst uns,
hasst uns,
bist Kraftzentrum und Leichenhalle einer ganzen Region.

Aber wenn du still wirst, stirbst du endgültig –
und wir mit dir.

DER IDIOT

Er parkt gern quer
zum Ortsverkehr,
pflückt Blumen in des Nachbarn Garten,
lässt Freunde eine Stunde warten.

Beim Grillen fängt die Hecke Feuer,
lässt Frauen niemals nicht ans Steuer,
im Kreisel fährt er grinsend stumm
stundenlang im Kreis herum.

Im Chor stört er die Harmonien,
singt schmerzhaft schräge Melodien,
aus Vorsatz sprengt er jede Truppe,
Gleichschritt und Rhythmus sind ihm schnuppe.

Ist Stachel und offene Wunde,
er tut uns weh zu jeder Stunde,
beim Elternabend mit Bedacht,
stellt Fragen bis nach Mitternacht.

Im Freibad sorgt für Angst und Schrecken,
pinkelt ins Nichtschwimmerbecken,
setzt auf der Autobahn zurück,
zerpflückt er Frohsinn Stück für Stück.

Er ist der Geisterfahrer in unser'm Leben,
benimmt sich ständig sehr daneben,
bohrt Löcher tief in unser Boot,
das macht er gern – dieser Idiot.

Manchmal hilft dennoch nur ein Lächeln,
auch wenn die Empathien schwächeln,
lachen wir ihm ins Gesicht –
wenn auch viel dagegen spricht.

Aus Rache haben wir ihn gern,
das mag er nicht, dann bleibt er fern.

PUPPENSPIELER

Du bist der wahre König dieser Welt.
Dein Reich ist das Reich der Kinderherzen.
Mit Ihnen als Deinen Verbündeten
hat der Teufel keine Chance.
Und Kasper ist Dein Superstar.

Vorhang auf, das Spiel beginnt.
Tri tra trullalla, tri tra trullalla –
hallo Kinder, seid Ihr alle da ...?

Mit Deiner Armee aus Superhelden
verleihst Du unserer Phantasie Flügel.
Du spielst das Leben
mit Liebe, Laster, Leidenschaft.
Mit einer Bewegung Deines kleinen Fingers
rettest Du die ganze Welt.

Große Augen verfolgen
jede Deiner Bewegungen,
den Mund weit aufgerissen
warnen wir alle bei Gefahr:
Kasper – aufgepasst!

Und wenn sich der Vorhang
wieder schließt,
ist in den Kinderherzen – wieder einmal –
ein kleines großes Wunder geschehen.

ZUM MUTTERTAG

Auf Zehenspitzen hast Du mein Leben behütet,
immer da, immer nah,
in Deinen Gedanken immer bei mir.

Hast mir das Laufen beigebracht,
in Fiebernächten am Bett gewacht,
warst oft genug unverzichtbarer Ratgeber in schwierigen
Situationen.

Erst heute begreife ich,
warum Du nie Appetit auf das leckere Stück Fleisch hattest,
wenn's mal wieder knapp war.

Hast immer erst gegessen,
wenn alle anderen am Tisch satt waren,
warst Du Dir immer ganz egal.

In jeden Koffer, den Du mir packtest,
hast Du immer Gummistiefel und Regenmantel dazu gelegt,
für die Schlechtwetter-Phasen in meinem Leben.

Manchmal streng in Deinem Urteil,
warst Du immer dann auch fordernd,
wenn Du wusstest, dass es zu meinem Besten war.

Hattest immer ein Pflaster dabei,
all die Wunden zu stillen,
die das Leben mir dann und wann schlug.

Und wenn ich wieder mal mein Bündel geschnürt habe,
hast Du mir Deinen inneren Kompass mit in den Rucksack gepackt,
ohne den ich all die Klippen nie hätte umschiffen können.

Wenn ich Deinen sicheren Hafen verließ,
hast Du mir noch einen Schal geholt,
hast mich ziehen lassen, obwohl Du mich lieber festgehalten
hättest.

Hast stattdessen geduldig auf meine Urlaubskarte gewartet,
Dich über jeden meiner Besuche gefreut,
wurde jeder dieser Momente für Dich zu einem stillen Fest.

Hättest bis zuletzt jede Schlacht für mich geschlagen,
selbst als Dein Schutzschirm löchrig geworden war,
weil Dich mehr und mehr die Kraft verließ.

Ohne zu zögern hättest Du
jederzeit Dein letztes Hemd gegeben,
damit ich es schön warm habe.

Bis zuletzt hast Du Dich immer für mich interessiert,
hattest immer Speicherkapazitäten frei für mich auf Deiner
Festplatte,
warst mir immer mein guter Geist.

Bescheiden, selbstvergessen,
hattest Du immer ein Ohr für meine Sorgen,
für eigene Wünsche hattest Du nie Zeit.

Heute möchte ich Dich drücken und Dir ein warmes »Danke«
sagen,
doch Du bist nicht mehr da.
Du fehlst.

Du fehlst.

ICH WEISS ES DOCH AUCH NICHT

Wer gewinnt die nächsten Wahlen,
kann ich die Miete noch bezahlen,
schwitzen einäugige Schnecken,
kann eine Heuschrecke erschrecken?

Kommt die Ebbe nach der Flut,
umgekehrt wär's genau so gut,
können Flöhe Flöhe haben,
warum bauen Bienen Waben?

Sind Experten wirklich schlau,
ich weiß es auch nicht so genau,
wie wird das Wetter morgen werden,
wann kommt der Verstand auf Erden?

Reicht das Benzin in unser'm Tank,
kommt der Stuhlgang nun in Gang?
Zu einer Reihe wicht'ger Fragen
hab auch ich nicht viel zu sagen.

Eins aber weiß ich ganz genau:
Wenn ich mal nicht weiter weiß,
dann frag ich meine Frau!

SEITENSCHEITEL LINKS

Er thront ganz oben
auf'm Kopp,
korrekt gezogen,
»just on the top«.

Nie würde er zur Mitte neigen,
auch rechts käm für ihn nicht infrage,
ein Hang nach links ist ihm zu eigen,
von Kindheit an und alle Tage.

Selbst splitter-faser-nackt
ist man mit Seitenscheitel oben,
wenn man das mit dem Haarwuchs packt,
immer blendend angezogen.

Schon früh wollte er hoch hinaus,
denn oben ist die Sicht am besten,
nur eines ist ihm dort ein Graus,
wenn der Wind dann kommt von Westen.

Was eben noch perfekt frisiert,
das liegt nun kreuz und quer,
die Linie ist jetzt ruiniert –
das stört den Scheitel sehr.

Struktur ist alles in unser'm Leben,
die Linie wird schnell neu gezogen,
dem Chaos Orientierung geben –
dann kommt das Schicksal angeflogen:

Das »Fahrwerk« ist gleich ausgepackt,
schon ist sie jetzt im Anflug,
'ne Taube ist's, die sich entschlackt –
auf Scheitel und auf Anzug.

GEBURTSTAG

Ach wie schön, das ist mein Tag!
Glücksgefühl hält sich in Grenzen,
ein Jahr näher dran am Sarg,
am liebsten würd' ich heute schwänzen.

Geburtstagsfeiern sind oft fade,
ich meide möglichst diesen Mist,
und es ist besonders schade,
wenn's die eig'ne Party ist.

Die Familie kondoliert,
wieder bin ich ein Jahr älter,
und man fragt mich ungeniert:
»Fühlst du Schampus oder Selter?«

Kerzen brennen auf der Torte,
ihre Anzahl macht mir Sorgen,
viele lieb gemeinte Worte,
ich freu' mich schon jetzt auf morgen.

Horch, es klingelt – Gäste warten,
und ich fürchte, zur Belohnung,
versammeln sie sich jetzt im Garten,
es droht Geburtstagsgrußvertonung.

Nachmittags zu Tee und Kuchen
kommen sie in ganzen Gruppen,
möchte ich das Weite suchen,
manche bleib'n bis in die Puppen.

Geschenke, die man gar nicht braucht,
Gäste, die man ansonsten meidet,
ein Onkel ungebeten raucht,
der Jubilar im Stillen leidet.

Irgendwann dann in der Nacht,
kehrt wieder Ruhe ein im Haus,
wenn der Mond durch's Fenster lacht,
alle Gäste sind jetzt raus.

Gott sei Dank, es ist vorbei,
ich weiß auch schon, was ich jetzt mache,
endlich hab ich wieder frei,
nun sinne ich auf späte Rache.

Jetzt geh ich wieder auswärts speisen,
geh andern meinen Glückwunsch sagen,
ein Jahr lang geh ich jetzt auf Reisen –
und fülle mir den Magen.

RASENMÄHER-SINFONIE

Wer mäht so spät noch in weiter Flur,
ein Motor dröhnt durch die Natur,
irgendwer hat angefangen
und schon alle Nachbarn bangen,
wollen nicht der Letzte sein,
und sei der Garten auch noch so klein.

Rasen akurat gemäht,
besser jetzt als doch zu spät.
Horch, da kommt ein Co hinzu,
dann ein Dritter und im Nu,
siehste wohl, jetzt mähen sie
in perfekter Harmonie.

Vielstimmig in Moll und Dur
beschneiden sie nun die Natur,
geb'n dem Wildwuchs keine Chance,
ihre Ansicht von Balance,
Rasenschnitt im Mü-Bereich,
Kante sauber, alles gleich.

Überall herrscht Einheitsschnitt,
einer macht – und alle mit.
Ein Massaker ohne gleichen,
Insekten, die die Segel streichen,
Mähen, Föhnen und Frisieren,
Häckseln und Vertikutieren.

Überall die gleiche Wüste,
als wenn man's nicht besser wüsste,
doch Rettung naht, die Dämmerung
nimmt den Tätern ihren Schwung,
legt mit ihrem güt'gen Schweigen,
den Mantel auf das irre Treiben.

Nur gut, dass es im Garten sprießt,
wenn man die Wüste wieder gießt,
Das macht Sinn – lang lebe sie,
die Rasenmäher-Sinfonie.

FURZ

Es rollte mal bei 'nem Gelage
ein Furz auf der Gardinenstange.

Wem er entfleucht war,
ließ sich nicht mehr sagen.

Er schaute nach unten
und da wurde ihm bange.

Er überlegte kurz
und es dauerte nicht lange,

da stieg er hinab –
und das hinterließ Fragen.

Fenster wurden aufgerissen,
er ließ sich von der Zugluft tragen.

Es war wie im Märchen
vom Igel und dem Hasen.

Denn wohin er auch kam,
man rümpfte die Nasen.

Nur einer schließlich in der Gruppe
erkannte ihn wieder.
Der atmete ihn tief ein –
und im restlichen Saal roch's wieder nach Flieder.

STERBEN GEHT EINFACH, MEINT DER TOD

Sie fühlen sich heut nicht kommod?
Sterben geht einfach, meint der Tod,
schon mit etwas gutem Willen
lässt Ihr Wunsch sich leicht erfüllen.

Eine Schwächeperiode
wird dann zur letzten Episode
eines gut gelebten Lebens –
Reklamationen sind vergebens.

Es stören keine Sprachbarrieren,
die den Zutritt sonst erschweren.
Eignungstest und gute Noten
sind sogar komplett verboten.

Demokratisch geht es zu
bei der allerletzten Ruh –
und dann schließlich irgendwann
kommt ein jeder ja mal dran.

Greifen Se jetzt zu, werter Herr,
was Besseres kommt eh nicht mehr,
die meisten sind nicht mehr auf zack,
Ihr Lack ist ebenfalls schon ab.

Hautfarbe spielt keine Rolle,
keinerlei Qualitätskontrolle,
die guten Plätze sind schnell vergeben,
knapp vorbei ist auch daneben.

Setzen Sie jetzt den letzten Schuss,
denn danach ist wirklich Schluss,
meint der Tod zum Delinquenten,
um das Ganze zu beenden.

Wer will nochmal, wer hat noch nicht,
drängeln Se nicht, vor'm Höchsten Gericht.
Wir schließen gleich, dies Angebot,
das kommt nie wieder, ruft der Tod.

(was wieder einmal beweist: bei Sonderangeboten – und seien sie auch noch so verlockend – ist grundsätzlich vor Inanspruchnahme eine intensive Prüfung dringend empfohlen ...)

SPIEGLEIN, SPIEGLEIN

Vor dem Spiegel wirft der Blick
uns oft auf uns selbst zurück,
je nach Tageszeit und Licht
gewährt er uns dann freie Sicht
auf alles was in vielen Jahren
an Krisen uns ist widerfahren.

Aus Fältchen wurden Falten,
zumindest bei uns Alten,
Schlupflider schlüpfen irgendwo hin,
Haare wachsen ohne Sinn.

Die Restaurierung solcher Schäden
treibt uns dann in diverse Läden,
erfordert hohe Investitionen,
die ganze Industrie'n belohnen,
die Salben, Puder und dergleichen
für großes Geld uns weiterreichen.

Zuhause wird dann repariert,
Fehlstellen werden zugeschmiert,
Augenbrauen ausgerupft,
es wird gemalt und nachgetupft.

Schicht um Schicht wird aufgelegt,
bis ein buntes Werk entsteht,
mit dem Spachtel glatt gestrichen,
Defizite ausgeglichen.

Die Lippen knallrot, das ist das Ziel,
doch viel, das hilft auch hier nicht viel,
denn man muss wissen,
dass nach dem Küssen
mancher Kerl aussieht,
als hätte er ein Schaf gerissen.

Doch wenn der Putz schließlich blättert,
die Farbe verwittert,
weil letztlich doch die Haut wieder knittert,
und wenn man sich vorm Spiegel
plötzlich wiedererkennt –
dann kommt das endlich durch,
was man Charakter nennt.

DIE DULPE

Die Dulpe blüht am Wegesrand,
wie kommt sie da bloß hin,
was für ein Glück, dass ich sie fand,
das macht doch keinen Sinn.

Ich grab sie aus und nehm sie mit,
ich setz sie in mein Beet,
da blüht sie jetzt auch schon zu dritt,
weil ihr's dort besser geht.

Sie wird gegossen und gedüngt,
wenn's sein muss jeden Morgen,
damit sie jährlich sich verjüngt,
ohne viel Stress und Sorgen.

Doch wenn sie Widerworte gibt
und sie nicht schätzt ihr großes Glück,
wenn sie die Pimpernellen kriegt,
dann bring ich sie zurück.

PARFUM

Ganz leis', ganz fein,
durchschwebt es den Raum,
vergänglich und zart,
kostbar und rar,
bleibt es bei mir,
auch wenn Du längst gegangen bist.

Nur ein Hauch,
eine Ahnung von Dir,
erinnert es mich noch lang
an Deine Nähe,
lässt mich Deine Vertrautheit spüren,
unsichtbares Glück auf Zeit.

Bis zum nächsten Lüften.

IM NEBEL

Fließend,
wabernd,
umschlungen vom Nebel des frühen Morgens,
tastender Schritt,
ein Stolpern,
wie orientierungslos.

Vorbei an vom Tau benässten Zweigen,
auf kaltem Gras,
geräuschlos,
beklemmend,
unsicher –
schemenhafte Schatten huschen vorüber.

Dichter Nebel wickelt sich um meinen Körper,
umhüllt mich kalt und feucht.
Er durchdringt meine Gedanken,
macht alles um mich herum dumpf,
keine Farbe mehr,
alles Grau in Grau,
nur noch eine Ahnung von Formen.

Dann hebt er sich –
erst bedächtig langsam,
dann zergangen vom Licht der Sonne!
Was für ein Wunder.
Ganz warm wird mir und froh.
Die Farben,
sie kehren zurück,
ganz selbstverständlich.

DAS ALTE KARUSSELL

Sehnsuchtsort für Kinderträume,
Kreisverkehr der Illusion.
Zwischen Zuckerwatte und Riesenrad
stehst Du da,
zwischen Bratwurstduft
und Budenzauber,
Tradition statt Sensation.
Rekordverdächtig
ist hier nur Deine Langsamkeit.
Bunte Kinderwelt
noch ganz unverstellt.

Denn das alte Karussell
ist gar nicht schnell.
Da lacht das Holzpferd
und der Feuerwehrmann
bimmelt wild.
Wer will nochmal,
wer hat noch nicht.
Verpassen Sie nicht
Ihre große Fahrt ins Glück.
Das Motorrad knattert,
der Hubschrauber rattert.

Hier sind noch alle gleich,
jeder kommt mit.
Summ, summ, summ
im Kreis herum
bewegt sich alles
in harmonischem Gleichklang.
Lichterglanz und Lampenblinken,
es tönt von fern,
die Eltern winken.

Wer will nochmal,
wer hat noch nicht.
Jeder kommt mal dran.
Jeder? – Jeder, der zahlen kann.

AAL

Urtier aus grauer Vorzeit,
immer irgendwie unfassbar,
gleitest Du widerstandslos
durch schlüpfrig-weiches Nass
ewig dunkler Unterwelt.

Eben noch hier,
schon wieder lautlos entschwunden,
einem Schatten gleich,
windest Du Dich mit kaltem Blick
durch den modrig-dumpfen Untergrund.

Lichtscheuer Geselle,
graue Eminenz
in Deinem Reich aus Sterbendem.

Und doch: Fein säuberlich entgrätet schließlich
und bei Lichte betrachtet,
in edlem Ambiente
mutiert der finstere Geselle
schließlich zur Delikatesse.

Welch späte Karriere.

DER WAHRE ARCHITEKT

Der Maulwurf gräbt sich durch sein Leben,
taucht auf und unter mal soeben.

Wirft Haufen und zieht seine Spur
durch Wiese, Beete und Natur.

Der Gartenfreund – eben noch heiter,
weiß Stunden später nicht mehr weiter.

Denn was vor kurzem ordentlich,
jetzt einer Berg- und Talfahrt glich.

Mit Liebe, Fleiß und einem Spaten
ebnet er wieder seinen Garten.

Damit was vorgestern gepflanzt
morgen nicht aus der Reihe tanzt.

Doch übermorgen, das ist klar,
wird alles wieder wie es war.

Ein Auf und Ab ganz wie im Leben
wird es hier immer wieder geben.

Der wahre Architekt im Garten
baut unterirdisch – ohne Spaten.

VOR'M KAMIN

Wenn draußen die Kälte das Leben einfriert,
Sturm an den Fensterläden rüttelt,
kein Mensch mehr den Gang vor die Tür riskiert,
selbst der Hund sich fröstelnd schüttelt,

dann sollte der Hausherr ein Einsehen haben
und Holz generieren von irgendwo her,
was brennbar ist zusammentragen,
und sei es ihm auch noch so schwer.

Sind alle Fenster dann verrammelt
und alles was nach Wärme giert,
ist schließlich vor'm Kamin versammelt,
dann geht's ganz schnell bis keiner mehr friert.

Wohlige Wärme macht sich breit,
Schatten tanzen an der Wand,
Phantasiegebilde aus ferner Zeit,
Reise ins Abenteuerland.

In Decken gekuschelte Glückseligkeit,
von Hochprozentigem veredelt,
die Landschaft draußen tief verschneit,
klönt Opa kreativ vernebelt.

Beim Blättern in den Bildern seines Lebens
spinnt er aus feinstem Garn Geschichten,
Oma's Kopfschütteln ist da vergebens,
dann lauscht auch sie seinen Berichten.

Gebackenes, Punsch, roter Wein
werden gemeinsam noch verschlungen,
man kuschelt sich im Feuerschein,
im Rausche der Erinnerungen.

So mancher Schatz wird noch gehoben,
Vergessenes wird unvergesslich,
dafür wird Oma Opa loben,
der Wert des Abends – unermesslich.

WEISST DU NOCH ...

Weißt Du noch, dass wir mal zusammen waren,
uns ewige Treue schworen
in jungen Jahren?
Wie kam es nur, dass wir uns so verloren?

Das Rauschen des Baches, den wir stauten,
der Duft des Waldes nach dem Regen,
die Wolkenkuckucksschlösser, die wir bauten,
wir wollten die Dinge zum Guten bewegen.

Wir wussten so wenig – und doch so viel,
es schien so einfach, glaubten, dass alles sich wendet,
standen noch am Anfang, der Weg war das Ziel,
das Leben ein Abenteuer, das immer gut für uns endet.

Für uns war der Himmel einfach immer blau,
unser Weg direkt, die Sicht klar,
wir sprühten Farbe ins ewige Grau,
wir spürten uns intensiv und unmittelbar.

Unser Rückgrat war noch grade,
nicht vom vielen Bücken verbogen,
wir probierten alles aus,
waren noch »ungezogen«.

Wir glaubten noch an die Zukunft einer guten Idee,
meinten, uns könne nichts passieren,
wie unter dem Schutz einer guten Fee,
an ein großes Spiel, das wir nicht verlieren.

Wir konnten noch hoffen,
weil wir nicht so viel wussten,
alles Künftige schien uns offen,
mussten nur tun, was wir tun mussten.

Dann wollten wir mehr, die Ansprüche stiegen,
verloren unser Selbst aus dem Blick,
Ideale von gestern ließen wir jetzt liegen,
erst viel zu spät wollten wir zurück.

Das Scheitern ist Quintessenz unserer Gier,
doch die neuen »Jungen Wilden« stehen schon vor den Toren,
der Kampf geht weiter, das versprechen wir hier,
sie könnten gewinnen, was wir einst verloren.

DIE ZIMMERMÜCKE UND DIE DRAUßENMÜCKE

Die Zimmermücke ist sehr scheu,
im Gegensatz zur Draußenmücke,
und die Erkenntnis ist nicht neu,
sucht sie heimlich des Nachts ihr Glücke.

Tagsüber ist die Mücke brav,
liegt träge nur im Hinterhalt,
in dunklen Ecken tankt sie Schlaf,
jegliche Beute lässt sie kalt.

Doch jetzt im Schutz der Dämmerung,
das Opfer schläft schon tief und laut,
kommt sie so richtig dann in Schwung,
erst wird getrunken, dann verdaut.

So perforiert sie schließlich doch,
sehr akkurat mit feinem Stich,
und setzt klammheimlich Loch an Loch,
der müde Patient merkt es nich.

Wenn aber das Buffet erwacht,
steht's schlecht um den Ertrag,
das Risiko gilt Nacht für Nacht,
trifft sie urplötzlich oft der Schlag.

Die MückenFrau tut ihre Pflicht,
sie stirbt für ihre Gier nach Blut,
doch ohne Grund tut sie es nicht,
braucht sie es doch für ihre Brut.

Der MückenMann sieht's ganz genau,
zieht sich diskret zurück,
im Gegensatz zu seiner Frau
bleibt er deshalb am Stück.

Der Witwer trauert nicht lang rum
und sucht sich schnell 'ne Neue,
zieht Konsequenzen gar nicht dumm
und pfeift auf seine Treue.

Statt Blut zu lecken so wie sie
verschmäht er weit're Hiebe,
ist seine kluge Strategie –
er lebt von Luft und Liebe.

MASCHINE

Du funktionierst.
Produzierst
auf Knopfdruck.
Willenlos,
emotionslos.
Taktvolles Stöhnen
in monotonem Gleichklang.
Klappern
gehört bei Dir zum Handwerk.
Für jede Disfunktion
ein Ersatzteil.
Das macht Dich austauschbar.
Bist nur Werkzeug
bestehend aus Werkzeugen.
Bist nur ein Investment.
Gerätst Du aus dem Takt,
wirst Du unwirtschaftlich –
wirst Du entsorgt.

Menschen,
die zu Maschinen mutieren,
schaffen sich ab.

NUTZE DEN TAG

Dein Gang ist wage,
ein langes Band
unsicherer Schritte,
wankst Du mühsam durch Dein Leben.

Was Du tust oder nicht tust,
Gesagtes wie Ungesagtes,
alles wird am Ende des Tages
zur Summe addiert.

Wenn dann irgendwann
die Zeit um die Häuser streicht,
beim großen Finale,
ist es zu spät für Korrekturen.

Erst die Jahre zeigen dann,
wovon die Tage nichts ahnten.

Und reumütig schläfst Du ein.

TIGER

Du tötest schmerzlos,
lautlos, herzlos,
liegst unsichtbar im Hinterhalt.
Dort wartest Du auf Deine Chance,
erwischst Du Deine Opfer kalt.
Mit einer Kraft und Eleganz,
die ihresgleichen sucht,
ziehst Du den Schlussstrich,
bittest Du zum letzten Tanz.

Schön bist Du, Du gestreiftes Tier,
fast wird der Tötungsakt bei Dir
zur Kunst.
Doch große Kunst ist selten,
ein Privileg und rar,
und auch für Dich muss gelten,
dass der, der gestern Täter war,
schon morgen Opfer werden kann
im Kampf ums Überleben.

Die Bestie, die schon lauert,
ist grausamer als Du,
hässlich und bös ihr Streben
und erst dann gibt sie Ruh,
wenn alle Schöpfung nichtig ist
auf dieser schönen Welt.
Sie tötet nicht zum Broterwerb,
Sie tötet nur für Geld.

STURM

Schwarze Wolkenfetzen.
Zunächst nur einige wenige,
dann immer mehr,
erzählen Sie Dein Kommen.

Erste Böen biegen die knorrigen Weidenäste.
Es tröpfelt leicht,
am Horizont ein dumpfes Grummeln,
dann platzt es herunter.

Wie aus dem Nichts.
Schnell die Fenster geschlossen.
Jetzt bist Du da,
rüttelst schreiend an den Fensterläden.

Greifst krachend in die Wipfel unschuldiger Fichten,
drückst die Ähren der weiten Kornfelder
tief herunter auf den lehmigen Boden
bis sie brechen.

Lachend presst Du Dein Wasser durch die Straßen
und dann
ganz plötzlich
schweigst Du still.

Das ist Dein Spiel.
Ein kurzes Atemholen,
mit Blitz und Donner an Deiner Seite
kehrst Du zurück.

Peitschst den dichten Regen in jede Ritze unseres Hauses,
fegst wild das Laub umher,
bis es zitternd und müde liegenbleibt,
wo es Deinem Zugriff entglitt.

Und dann ganz plötzlich
ist der Spuk vorbei.
In der Ferne noch ein letztes mürrisches Zucken,
dann ziehst Du weiter.

Ungeduldig, rastlos,
auf der unendlichen Suche nach Nichts.

ABEND AM MEER

Der Weg führt mich
durch die dämmerige sanfte Stille des Abends
entlang an Wiesen und Feldern
durch eine Allee dicht bemooster alter knorriger Eichen
dann endlich das Funkeln des Meeres
durch das Blätterdach der letzten Baumgruppe vor mir
nur noch wenige Schritte
plötzlich öffnet sich der Blick
stehe ich am Steilufer
die Füße im Sand
verharre ich
vor mir liegt fast verstörend schön
die spiegelglatte See
ist es völlig windstill
stehe ich staunend
atme tief die warme leicht salzige Luft in meine Lunge
das Denken erlischt
alles ist nur noch Sehen
ist jetzt Himmel
ist Farbe

über weitem Horizont
eine Sinfonie von glühendem Rot
eine Ahnung von Purpur
Gelb und tiefem Blau
führt mich meine Phantasie
in die Ferne hinaus
hinter das Sichtbare
fällt alles Schwere von mir ab
erfüllt mich ein Gefühl von Unendlichkeit
alles um mich herum verschwimmt
öffnet sich der Raum
verliert Zeit völlig ihre Bedeutung
atme tief und andächtig
halte ich stille Zwiesprache mit meinem Selbst
ein letztes Aufbäumen noch
dann verstummt nach und nach das Konzert der Farben
macht Platz für einen wolkenlosen blinkenden Sternenhimmel
wie betäubt und unendlich dankbar
kehre ich zurück

ZUGVÖGELINNEN

Dem Morgen graut,
der Himmel bebt,
dann wird es laut,
ganz oben schwebt
das Reise-Kollektiv.

Sie buchten pauschal.
Sie reisen »en gros«.
In großer Zahl,
»orl inklusiv« und so ...

Nun suchen sie
auf ihrem Weg retour
aus südlichen Gestaden
für alle Damen die richtige Spur
auf ihren luftigen Pfaden.

Denn die Gruppe ist vorwiegend feminin.
Von Frau zu Frau reist es sich polyphon.
Nicht so gut für den Orientierungssinn –
aber gut für die Konversation.

Gar nicht so einfach,
den richtigen Weg zu wählen –
gibt es doch immer, von Frau zu Frau,
so viel Wichtiges zu erzählen.
Jetzt flieg'n Sie von hinnen,
die Zugvögelinnen.
Man hört es am Lärmen.
Denn gemeinsam
lässt es sich am besten schwärmen.

*(es gibt natürlich auch männliche Reisende, die hier aufgrund
ihrer »kommunikativen Talente« sehr gut mitfliegen könn-
ten ... – ich selbst bin auch so ein Kandidat ...)*

SAMMLERSCHICKSAL

Ob Möbel, Käfer, alte Socken,
des Sammlers ganze Leidenschaft
sind immer nur die selt'nen Brocken,
die Jagd nach ihnen gibt ihm Kraft.

Das Stöbern und Entdecken,
das ist sein ganzes Glück,
beim Zahlen kommt der Schrecken,
doch dann gibt's kein Zurück.

Oft wird die Leidenschaft zur Sucht
und die Finanzen leiden,
dann schließlich hilft oft nur die Flucht,
Versuchungen zu meiden.

Und wenn dann alles vollgestellt
mit Krims und Krams und Sachen,
die kein Mensch braucht auf dieser Welt,
vergeht ihm dann sein Lachen.

Was eben noch geliebt von Herzen,
erworben wurde voller Stolz,
verursacht ihm jetzt nur noch Schmerzen,
oft Sammlerwege sind aus Holz.

»Nur weg damit«, beschließt er jetzt,
vernichtet seine Beute,
die Freiheit fehlte ihm zuletzt,
drum kämpft er für sie heute.

Und wenn dann alles leergeräumt,
zurückkehrt die Kontrolle,
der Sammler schon was neues träumt,
was er jetzt sammeln wolle.

DAS BLAUE VOM HIMMEL

Das Glas am Morgen
mit zittriger Hand,
es lässt meine Sorgen
versickern im Sand
der guten Vorsätze.

Gestern abend noch,
da schien mir alles ganz klar,
diesmal schaff' ich es doch,
schon heut' aber ist's –
wie's immer war.

Die Chance vertan,
sie tut weh, die Niederlage, auch mir,
doch morgen dann,
das verspreche ich Dir,
wird alles ganz anders.

Denn dann starte ich neu,
mit ganzer Kraft,
weil ich schon morgen den Kampf nicht scheu –
ein, zwei Tage nur, glaub mir,
dann hab' ich's geschafft.

Nur heute, da fühl ich mich nicht so recht
in Form für die ganz große Wende,
keine Ahnung warum, aber heut' geht's mir schlecht,
heut' zittern mir die Hände.
Nur noch dieses eine Glas.

Ein Glas ist kein Glas, warum glaubst Du mir nicht?
Morgen wird's besser, Du kannst darauf bauen.
Warum weinst Du, lachst mir ins Gesicht?
Wenn nicht mal Du mir vertraust –
wie kann ich mir da selber vertrauen?

NUR EIN NETTER VERSUCH

Plötzlich ist es da,
das Momentum, unverhofftes Glück,
eben noch so unerreichbar,
keine Chance mehr auf ein Zurück.

Ich starre Dich an,
stottere mit hochroten Ohren,
schlägst mich mühelos in Deinen Bann,
gehen mir völlig die Worte verloren.

Dann purzeln Sie heraus,
ich krieg's einfach nicht hin,
verzweifeltes Ringen um Deinen Applaus,
gestammeltes Nichts ohne irgendeinen Sinn.

Die Figur, die ich mache, ist so erbärmlich,
völlig hoffnungslos in der Sache, eher kläglich,
ein zweiter Anlauf endet ähnlich ärmlich,
ungesagt Gesagtes krepiert unsäglich.

Du gehst weiter,
fast wie in einem schlechten Buch,
lächelst gütig, murmelst heiter:
»Aber trotz allem – ein netter Versuch.«

ES SCHNEIT IN MEINEN GEDANKEN

Anarchisches Durcheinander
hektisch tänzelnder Kristalle,
vom Himmel stolpernd –
irrlichternd, zahllos, virtuos.

Jedes Einzelne
für sich ein Unikat,
wird schließlich
aus Vielfalt Einheit.

Setzen sie sich behutsam
auf all' meine Sorgen und Ängste,
decken alles zu
und malen mir märchenhaft die schönste Landschaft.

Still, friedlich, atemberaubend schön –
und doch leider immer nur auf Zeit.

KRÜMEL

Du bist das, was übrig bleibt,
Du Marginalie
in der Sofa-Ritze.

Du bist der Rest
vom Schützenfest.

Erst wenn wieder
die schlechten Zeiten kommen,
erlebst Du Dein Revival.

Bis dahin jedoch,
solltest Du Dich –

verkrümeln.

OHNE TRITT, MARSCH!

Immer schön im Gleichschritt
marschiert es sich am besten.
Denn Einigkeit macht stark.
Laut gegrölter Schwachsinn
wird in der Gruppe schnell
zum eindrucksvollen Chor.

Die Lauten haben immer Recht,
glaubt Ihr.
Also erhebt Ihr Eure Stimmen
und kotzt Eure Blödheit
laut in den Wind.

Eine nicht ganz neue Form
der Umweltverschmutzung.

STEUER

Wer tragen kann, der trage,
so lautet der Gedanken,
und ohne jede Frage,
der Starke stützt den Kranken.

Doch krank meldet sich oft der Reiche,
je nach Einfluss und Potenz,
spielt er dann dem System Streiche.
Sein Leiden: fiskalpolitische »Demenz«.

Hat ganze Armeen von (Steuer-)Soldaten,
sein Beitrag wird dann »optimiert«,
lässt sich für gutes Geld beraten,
damit sein Einkommen »frisiert«.

So wird der Starke dann zum Schwachen
und der Schwache ist's, der zahlt,
wär's nicht so traurig, wär's zum Lachen,
aber der arme Reiche strahlt.

Und wie beim Igel und dem Hasen,
in welche Richtungen man startet,
in allen Lebensphasen,
die Steuer ist's, die auf uns wartet.

Ob Lebensmittel, Strom und Gas,
der Handwerker die Leitung flickt,
ob Hauskauf, Auto, dies und das,
der Staat uns auf das Konto blickt.

Gern wünschen wir uns dann weit raus,
so wie der Träumer, der Kolumbus hieß,
treibt es uns dann in die Welt hinaus,
zu unserm Steuerparadies.

Die Insel der Glückseligkeit,
der Ort, wo wirklich alle gleich,
wo von der Steuer wir befreit,
der Ort scheint ein zu fernes Reich.

Und würde heut' jener Kolumbus
noch einmal die Welt umrunden,
einen Ort ganz ohne Steuer,
den hätte auch Kolumbus
nicht gefunden.

BRILLE

Schönheit
liegt im Auge des Betrachters,
sagt man.
Wenn er denn was sieht.
Brille aufsetzen!

Sie hat was ... irgendwie ...
Die Nase vielleicht etwas zu groß –
und leicht aus der Mitte.
Die Augen zu nah bei einander.
Der Mund eindeutig schief.

Aber irgendwie hat sie was ...

Schönheit kommt von innen, sagt man.
Aber wie sieht man so was?

Brille absetzen!

ZWEI FRÖSCHE

Zwei Frösche
auf dem Weg ans Licht.

Der Eine ängstlich, zögert lange.
Der Andre mutig, gar nicht bange.
So kommt es, wie es kommen muss.
Ein Reiher lauert stundenlang,
beendet mit gezieltem Schuss
des Optimisten Tatendrang.

Der Feigling
auf dem Weg zurück
in sichere Gefilde,
noch fassungslos über sein Glück
murmelt er zu sich milde,
dankbar und sicher ohne Groll –

»Siehstewoll« ...

ANGLERGLÜCK ?

Da sitzen sie und sagen nix
und warten, dass es zappelt.

Im Schweigen sind sie oft sehr fix,
ein Störenfried, wer zu viel sabbelt.

Die Beute mögen sie oft nicht,
hab'n gegen Fisch 'ne Allergie.

So kommt es wie es kommen muss,
gegessen wird ihr Opfer (fast) nie.

Die Logik dieses Tuns –
und die Kritik muss gelten,

erschließt sich außenstehn'den Fischen selten.

Nachtrag:
Der Fisch, der wieder freigelassen,
schwimmt seines Weges dann geschwind,

kann oft genug sein Glück nicht fassen
und murmelt nur »Der Angler spinnt ...«.

Deshalb in seinem Stolz getroffen,
der Angler, der ihn kann nicht leiden,

braucht nicht auf künft'ge Fänge hoffen,
DEN Köder wird er künftig meiden.

INGENIEURSKUNST

Zwei Dörfer, unheilbar zerstritten,
das eine links, das andere rechts vom großen Fluss,
mochten einander nicht und ritten
auf einer Woge des Verdruss'.

Warum wer wen weshalb nicht wollte,
das wusste schon nach kurzer Zeit
niemand mehr von all' den Leuten,
doch Hass und Neid machten sich breit.

Wer sich nicht kennenlernen kann,
weil irgendwas dazwischen steht,
glaubt immer nur, was irgendwann
irgendein Depp herüber bläht.

Ergebnis ist dann schlechtes Klima
und wenig Lebensqualität,
die Luft wird dick, das Atmen schwerer,
ein Sog aus Angst und Hass entsteht.

Dann braucht es hohe Ingenieurskunst,
einen Studierten, der sodann
über all' den Dreck hinweg
'ne starke Brücke bauen kann.

Schön breit, elastisch und flexibel
muss diese Brücke sein, denn schließlich
muss sie bei Wind und Wetter halten,
wenn's anders kommt, dann wird's verdrießlich.

Man trifft sich und dann stellt man fest,
dass nichts so ist wie man einst glaubte,
wenn man den andern rüber lässt,
das alte Vorurteil entstaubte.

Die Brücke öffnet Horizonte,
verbindet, eint und nebenbei
schafft, was sonst vorher niemand konnte,
sie setzt enorme Kräfte frei.

Wer sowas kann, wer Brücken baut,
wo andre trennen, Mauern zieh'n,
der schafft was Großes, stark und laut
und lässt die Landschaften erblüh'n.

ES KRISELT ...

In Deutschland geht die Welt gern unter,
das Glas ist immer nur halb leer,
der Pessimist macht alles runter,
weniger ist für ihn mehr.

Wenn's nicht zum Allerbesten steht,
der Deutsche ist hier Spezialist,
es automatisch abwärts geht,
er weiß genau, was Krise ist.

Der Sportler, der das Tor nicht trifft,
das Auto, das den Dienst versagt,
das Kind, das in der Schule kifft,
Gehaltserhöhung, die vertagt.

Nie kommt es, wie es kommen soll,
und wenn es draußen nieselt,
der Deutsche murmelt voller Groll:
»Ich sag Dir doch – es kriselt!«

Schlüssel vergessen oder verloren,
Fernsehprogramm wieder mal schlecht,
der Krisenfachmann ist geboren
»Siehste wohl, ich hatte recht!«

Weht auf dem Meer 'ne steife Brise,
der Musiker den Takt vergeigt,
steh'n auf dem Konto viele Miese,
ist Optimismus angezeigt.

Nur der, für den das Glas halb voll,
für den wird alles leicht,
schafft, was er schaffen soll,
er hat sein Ziel erreicht!

DER SELBERGRÜßER

Er hat von sich 'ne hohe Meinung,
ist eine stattliche Erscheinung,
er liebt an sich die hohe Stirne,
die ziert seine Denker-Birne.

Der leichte Bauchansatz hingegen,
zeugt von seiner Kunst zu leben,
Falten kräuseln seine Stirn,
sein Anzug ist aus feinstem Zwirn.

Sein Plattfuß sorgt für festen Stand,
daher bewegt er sich galant,
selbst auf glattestem Parkett,
routiniert und sehr adrett.

Ein rundes »O« formen die Beine,
wie eine offen steh'nde Scheune,
seine Arme kurz und krumm
baumeln schief an ihm herum.

So grüßt er sich, wenn er sich sieht,
vorm Spiegel seinen Hut er zieht,
von seiner Klasse tief berührt,
Respekt wem der Respekt gebührt.

Ob krumme Beine, Nase platt,
nur wer sich selber gerne hat,
kann andere für sich gewinnen,
seine Schönheit kommt von innen.

FLIEGE

Sie leckt gern Salz von meinem Rücken,
ich bitte sie, das sein zu lassen,
ich kann mich noch so fleißig bücken,
ich krieg sie einfach nicht zu fassen.

Jetzt knabbert sie an meinem Bein,
als wäre es Gebäck,
ich hole aus, nur so zum Schein,
da ist sie auch schon wieder weg.

Überall summt sie herum,
erst nascht sie da, dann nascht sie hier,
dort stöbert sie mit viel Gebrumm –
und zum Schluss trinkt sie mein Bier.

Für Apfel, Birne, Schokolade,
selbst frisches Fleisch ist ihr nicht heilig,
ist sie niemals sich zu schade,
kaum liegt es da, schon kommt sie eilig.

Wittert sie dann Götterspeise,
die riecht sie nämlich schon von ferne,
ist sie ausnahmsweise leise,
die löffelt sie besonders gerne.

Fressen ist ihre Weltanschauung,
und immer nur vom Besten,
ich bewund're die Verdauung,
von ihr und ihren Gästen.

Denn Gäste hat sie immer gern,
nie ist sie ganz allein,
die kommen dann von nah und fern,
gemeinsam will sie glücklich sein.

Doch Überfluss ist selten gut,
bald wird sie rund und fett,
und als sie einmal schlafen tut,
erschlag ich sie in ihrem Bett.

Fettfliegen gibt's wie Sand am Meer,
drum ist's im Fliegenhimmel,
und das betrübt sie sicher sehr,
ein ganz schönes Gewimmel.

Fressen und Sex ihr ganzes Streben,
denk ich, während ich vor ihr liege –
in meinem nächsten Leben
werd ich wahrscheinlich Fliege.

AM MORGEN DANACH ...

Der Wecker dröhnt,
es ist halb acht
und irgendwer stöhnt:
»Wieder kein Auge zugemacht.«

Alles tut weh –
und spricht dafür, liegen zu bleiben.
Draußen fiel nachts der erste Schnee,
die Kälte im Raum setzt meinem Treiben

ein vorzeitiges Ende.
Die Decke rutscht hoch bis ans Kinn.
Ich würde ja gern, jedoch ich fände,
so früh macht Aufstehn keinen Sinn.

Während ich warte auf Erleuchtung,
unter meinen warmen Decken,
es droht im Bad kalte Befeuchtung,
Blick in den Spiegel mit Erschrecken.

Erste Schritte, mühsam, schwankend,
der Blick stumpf, in mich gekehrt,
in Richtung Bad, dem Schicksal dankend,
dass ich's erreiche unversehrt.

Am Waschbecken, das Wasser kalt,
die Dusche wird heute umgangen,

ich fühl mich unbeschreiblich alt,
nur leicht benetz ich meine Wangen.

Der Mundstuhl ist noch zu verklappen,
das Zähneputzen tut mir weh,
doch danach gönn' ich mir 'nen Happen
vom üppigen Frühstücksbuffet.

Die sieben Sinne Stück für Stück,
kehren nur langsam erst zurück,
der Kreislauf kommt noch nicht in Gang,
dann frische Wäsche aus dem Schrank.

Nichts will heut so richtig fluppen,
alles bleibt schwierig, unvollendet,
wenn man feiert bis in die Puppen,
dann ist's das Schicksal, das sich wendet.

Die Tochter kommt, sie schaut so niedlich,
ich guck nach draußen und sag zu ihr,
wieso ist's draußen noch so friedlich?
Verständnislos antwortet sie mir:

Es ist doch Sonntag, sagt sie nett,
»Sonntag« schreit's in mir – Gott sei Dank,
ich geh zurück ins warme Bett,
ich leg mich hin und meld' mich krank.

GEWICHT

Es gibt nichts Gutes,
außer man tut es.

Doch manchmal hat es mehr Gewicht –
tut man es nicht.

GRÖẞE

Ein Wal
ist größer als ein Aal.

Doch grade diese Größe
ist manchmal seine Blöße.

Tut er sich immer dann sehr schwör –
wenn er sich zwängt durch's Nadelöhr.

DIE HOSE

Ganz oben ist ein einz'ges Loch,
da fällt die Wahl nicht schwer,
etwas weiter unten doch,
da sind es dann schon mehr.

Zwei Löcher stehen dort zur Wahl,
links oder rechts, rechts oder links,
die Entscheidung wird zur Qual,
wo geht es rein in dieses Dings.

Mehr bleibt dazu nicht zu sagen:
Es gibt Entscheidungen im Leben –
und dazu zählen solche Fragen –
da liegt man leider meist daneben.

AM ENDE DER WELT

Einsamer Strand am Ende der Welt,
menschenleer,
reißt der Sturm an meinen Gedanken,
lebloser Baum im Spiel der Brandung,
trägt alles Bleierne fort.

Spürst Du die Kraft,
ursprünglich und mächtig,
die seit Urzeiten dem Land entreißt,
was sie schon wenig später an anderem Ort
zu neuem Leben auftürmt?

Werden und Vergehen in unendlichem Zyklus.
Welch zerstörerische Kraft –
und welche Hoffnung!

DIE ELSTER

Wie sie so dasitzt und sich selbstgefällig putzt
auf dem morschen, tief verschneiten alten Gatter,
da muss man ehrlich zugeben,
dass sie schön ist.

Und weil wenn's kalt wird,
die meisten Konkurrenten
längst ins Warme entfleucht sind,
hat sie alle Aufmerksamkeit für sich.

Und sie zieht eine Riesenshow ab,
zupft sich hier die Flügel nach,
zieht sich dort das bunt gescheckte Kleid zurecht,
beugt sich leicht vor.

Und mit laut vernehmbarem Krächzen
blickt sie ungeduldig umher,
und erwartet stolz ihren Applaus.
Irgendwie menschlich.

DIE LÜGE

Verboten,
verdammt,
bestraft.

Und doch:
In der Not
ist sie eine Gnade ...

INSEL

Mitten im tiefsten Blau
liegst Du, Sehnsuchtsort und Fluchtpunkt,
Du palmengesäumtes Paradies,
von feinstem weißen Sand umstrandet.

Wer ist nicht schon in Gedanken aufgebrochen,
dieses ferne Eiland
für sich zu entdecken,
hinter allen Horizonten.

Dorthin zu gleiten,
wo immer
alles gut ist –
freilich, erreicht haben wir es nie.

Aber merke:
Den ganzen Rest des Insellebens
nur noch von Kokosnüssen leben zu müssen,
wäre auch kein Zuckerschlecken.

DANEBEN

Gut gezielt – und doch daneben,
das hat es immer schon gegeben,
angerufen, falsch verbunden,
das Glück gesucht und nicht gefunden,
beim Steuernsparen fehlgesteuert,
im falschen Hafen angeheuert.

Frisch verliebt,
Korb gekriegt,
mit der Falschen angebandelt,
den Elfmeter nicht verwandelt,
so geht so mancher Schuss im Leben
tatsächlich oft auch mal daneben.

Doch es gibt auch Situationen,
die den Fehltreter belohnen:
In den frischen Hundehaufen
barfuß dann hinein zu laufen,
bringt zwar dem Betroff'nen Glück,
doch davon tritt er gern zurück.

ARBEIT I

Arbeit macht das Leben süß,
doch zuviel Süßes schadet nur,
drum grüß ich sie sehr gerne –
aus der Ferne.

ARBEIT II

Arbeit macht das Leben süß,
deswegen schmeckt sie lecker,
doch wenn ich Süßes haben will,
dann geh ich doch zum Bäcker.

ARBEIT III

Arbeit macht das Leben süß,
doch ich bin auf Diät,
und weil das für mich besser ist,
komm ich heut' mal zu spät.

ARBEIT IV

Arbeit macht das Leben süß,
das find' ich ziemlich bitter,
deswegen verzichte ich sehr gern –
zugunsten Dritter.

ARBEIT V

Arbeit macht das Leben süß,
so süß wie 'ne Melone,
doch noch viel süßer ist es –
ohne.

ARBEIT VI

Arbeit macht das Leben süß,
doch manchmal ist's gescheiter,
eine Weile nix zu tun –
das stimmt mich heiter.

PATCHWORK

Katze war alleinerziehend,
wusste aber nicht genau,
ihr Kater hatte ausgedient –
was mach ich jetzt mit meiner Frau?

Auch ein Hund war nicht zufrieden
mit den Macken seines Herrn,
von der Hündin frisch geschieden,
suchte er nun des Pudels Kern.

Sie fragten nach dem Sinn des Lebens,
an guten wie an schlechten Tagen
und suchten doch bislang vergebens
nach Antworten auf ihre Fragen.

Beide wollten ihre Freiheit
einen neuen Start ins Leben,
dafür waren sie bereit,
Herrchen/Frauchen aufzugeben.

Trotzdem war ihnen nicht ganz schnuppe,
was aus ihrem »Anhang« würde,
doch eine Selbsthilfegruppe
nahm ihnen schließlich diese Bürde.

Hund und Katze trafen sich
beim Meeting in der Runde,
es war wohl eher zufällig,
zu vorgerückter Stunde.

Ihre Blicke kreuzten sich,
und schnell gab's kein Zurück,
in ihrem Innern gab's 'nen Stich,
's war Liebe auf den ersten Blick.

Herzen standen schnell in Flammen,
er sehr zurückhaltend, sie introvertiert,
bald zogen sie zusammen –
nun patchworken sie zu viert.

(Auch die »Anhänge« kooperierten, alle Vier sind frisch ver-
liebt –
Fazit: Im Leben gibt es nichts, was es nicht gibt.)

MODE

Kurz, lang,
dann wieder kurz.
Brav folgen die Lemminge
dem Diktat
der (Mode-)Zaren.

Egal was war,
danach kommt anders.
Und alle machen mit.
Gestern noch geschmacklos,
ist morgen der letzte Schrei.

Sag mir, was Du kaufst
und ich sage Dir,
wer Du bist.
Ich kauf mir was,
heute dies und morgen das.

Nicht irgendwas –
ich kauf mit Marke drauf.
Längst ist die Fassade wichtiger
als das Interieur dahinter.
Potemkin ist überall.

Jedes Jahr viermal
wird alles über einen
neuen Kamm geschoren.
Denn es ist Saison
und alle machen mit ...

Ich kauf mir was,
heute dies und morgen das.
Und keiner merkt,
dass sich alles
endlos wiederholt.

Nichts ist wirklich neu.
Alles war irgendwann schon mal da.
Uniform ersetzt Persönlichkeit,
denn Uniform gibt Sicherheit.
Auf Rot folgt Schwarz.
Dann wieder Rot ...
Des Kaisers neue Kleider
waren nie wirklich neu ...
Wann endlich kommt bei uns
die Mode AUS der Mode?

PROVINZ

Ab vom »Schuss«,
weit, ganz weit weg
vom täglichen Kampf
jeder gegen jeden.

Ebbe statt Informationsflut,
staufrei,
(fein-)staubfrei,
frische, klare Luft
zum Durchatmen.

Zeit, viel Zeit
und Ruhe
für Erkenntnisgewinn
statt Börsenverlust.

Unwichtiges
wichtig machen,
zurückfinden
zum wirklich Wesentlichen.

Freiheit von Eitelkeiten
und schnellen Erfolgen.
Stattdessen die Ästhetik
der Langsamkeit.

Provinz –
viel Platz für das wirkliche Leben!

MÖGLICHKEITEN

Wenn am Baum
zwei Zwetschgen

ganz dicht
zusammenhängen,

kann daraus eine tiefe
Freundschaft erwachsen.

Oder Wurmfraß.

MOMENTUM

Es ist der Augen-Blick,
nur einen Wimpernschlag,
einen Atemzug lang,
geht für Dich
der Himmel auf.

Ganz plötzlich und unerwartet
fühlst Du Dich
völlig schwerelos,
fast besoffen
vor Glück.

Aber schon einen Moment später
folgt die harte Landung.
Und doch:
Erst sie macht diesen Moment
so wertvoll.

PICKEL

Du störst das Bild, die Harmonie,
weh, wenn ich Dich zu fassen kriege,
Du bist ein Fall von Anarchie,
von Hinterlist und von Intrige.

Gestern war noch Schönheit pur,
da sah ich fast aus wie gemalt,
doch heute reden wir Fraktur
und morgen wird zurückgezahlt.

Ich quetsch Dich aus,
wenn ich Dich kriege,
wie eine Laus –
oder auch wie eine Fliege.

Doch leider sitzt die Eiter-Delle,
da kann ich noch so lange wettern,
an einer ungünstigen Stelle,
zwischen meinen Schulterblättern.

So bleibt sie weiter heile,
ich kann sie ja nicht sehn –
es dauert noch 'ne Weile,
dann bin ich wieder schön.

ROSE

Sie steht symbolisch für die Liebe,
doch so mancher ihrer Triebe
hat Dornen und andere Allüren,
die schnell zu Verletzungen führen.
Passt man nicht auf, was man so tut,
passiert es schnell und es fließt Blut,
drum ist man besser auf der Hut,
bevor man diese Blume pflückt.
Manche Eroberung, die glückt,
endet später vor Gerichten –
drum pflückt der Schlaue sie –
mitnichten.

(es sei denn, er hat Handschuhe dabei)

RÜCKEN

Schon beim Aufstehn früh am Morgen,
falsch gelegen in der Nacht,
ein leichtes Ziehen nährt die Sorgen,
gleich ist wieder »Schicht im Schacht«.

Jetzt sind sie da,
des Alters Tücken,
nichts geht jetzt mehr –
ich habe Rücken.

Schuhe binden, Erdbeer'n pflücken,
Nass durchwischen aus freien Stücken,
Shoppen gehen, Frau beglücken,
Mücken an der Wand zerdrücken,

Ski-Urlauben ohne Krücken,
in einem Schwung drehen und bücken,
nichts geht jetzt mehr –
ich habe Rücken.

Nur wenige Minuten später ...

Hast Du die junge Frau gesehn,
die hat gelächelt und gegrüßt,
von oben bis unten wunderschön,
wie hat sie mir den Tag versüßt.
Sag mir schnell, sitzt mein Toupet?
Und dass ich jetzt den Bauch einzieh',
Rücken tut auch nicht mehr weh –
die perfekte Therapie.

Zumindest wird es nicht mehr schlimmer,
sowieso und überhaupt,
was soll dieses Gewimmer,
Leichenteile schnell entstaubt.

A bisserl was geht schließlich immer ...

BESSERE TAGE

Du rennst durch Dein Leben,
auf der Jagd nach falschen Zielen,
sich Regen bringt Segen,
längst Deine Grundsätze fielen.

Im Wettlauf mit der Zeit
wächst die Erkenntnis,
kommst Du nicht weit –
vertane Chance auf Sinnhaftigkeit.

Halt an, alle Maschinen stopp,
Geschwindigkeit verkürzt die Zeiten,
Schritt ist das Tempo, nicht Galopp,
Langsamkeit eröffnet Weiten.

Hase und Igel lassen grüßen,
Du gehst in die Vollen, lässt es krachen,
anstatt Dir mit Muße das Leben zu versüßen,
wenn's nicht so traurig wär, wär's zum Lachen.

Deinen inneren Kompass, sagt man,
hast Du längst verloren,
orientierungslos hastest Du voran,
wünschst Dir manchmal, Du würdest nochmal neu geboren.

Brich Brücken ab, bau Deine Straßen neu,
nichts ist mehr gesetzt, stell alles infrage,
versuch es noch einmal, ohne jede Scheu –
und es kommen wieder bessere Tage.

CLOWN

Mit Deiner dicken roten Nase
warst Du von Anfang an
mein bester Freund.

Frech und unangepasst,
so herrlich laut,
so wunderbar bunt,
mit einem grooooooßen runden Bauch
voller guter Laune.

In Deinem weiten Herz
hatten alle Kinder dieser Welt
ihren Platz –
und in Deinem Kopf
die lustigsten Ideen.

Mit Deinen riesigen runden Augen
hast Du mich damals ganz lieb angeschaut.
Du warst mein Verbündeter
gegen die dunkle Welt
der Erwachsenen.

Wie oft in meinem späteren Leben
hab ich mir Dich zurückgewünscht.
Mit Deinem lauten Lachen
hättest Du alle Probleme
ratzfatz vergessen gemacht.

Die Welt der Erwachsenen –
sie ist leider eine Welt ohne Clowns.

DAS SACKGESICHT

Gestern abend begegnete mir,
Sie glauben es nicht,
bei Einbruch der Dämmerung
das Sackgesicht.

Zunächst grüßte es nur,
verbeugte sich galant,
doch plötzlich hielt es inne
und reichte mir die Hand.

Es war mein Freund Gunter,
ich erkannte ihn kaum,
früher liebte er das Leben,
ein Kerl wie ein Baum.

Alles in seinem Gesicht
und auch darum herum,
baumelte jetzt vor sich hin,
so stand er vor mir – schief und krumm.

Die Pupillen lugten müde
durch dunkle Augenringe,
murmelte er fahrig, dass es ihm
früher schon mal besser ginge.

Seine Backen hingen schlaff
am Gesicht herunter
und selbst die Ohrenlappen
machten schlapp bei Gunter.

Die Nasenflügel sah ich
im Niemandsland versinken,
der Eine rechts, der Andre links
von seinem großen Zinken.

Mundwinkel ertranken im Doppelkinn
und unterm Kopf schwabbelte stumm,
quasi als Fundament des Ganzen,
ein riesengroßer Kropf herum.

Schon aus Rücksicht auf Bekannte
ist ein jeder in der Pflicht,
egal wie ihn das Leben schlägt –
man trägt Verantwortung für sein Gesicht.

Doch Gunters Gesicht,
so bemerkte ich eben,
doch Gunters Gesicht –
hatte sich längst aufgegeben.

Gut siehst du aus, Gunter,
reagierte ich wacker,
er sah, dass ich log
und machte sich vom Acker.

Wenn jemand uns also Komplimente macht,
ist es besser, wir glauben ihm nicht,
denn vielleicht haben auch wir –
so ein Sackgesicht.

FEHLBILANZ

Gesagtes und Verschwiegenes,
Nachlässigkeiten, Bequemlichkeiten
unseres täglichen Miteinanders,
fahrlässig Getanes und Versäumtes.

Irgendwann bleiben
von den Wunden der Vergangenheit
nur die Narben,
ehrliche und unvergängliche Fehlbilanz
eines versuchten Lebens.

ANGEKOMMEN

Die letzten Schritte geht er schneller,
durch das kleine lichte Kiefernwäldchen,
die Anhöhe hinauf.

Fast mechanisch streift er sich die Schuhe ab.
Seine Füße tauchen ein
in den warmen weichen Sand der letzten Düne.

Endlich, jetzt hört er es,
das gleichmäßige Rauschen der Brandung.
Dann ist er oben angekommen.

Bleibt still stehen, ein wenig außer Atem,
ist gefangen von dem Blick
auf die schier unendliche Weite des Meeres.

Auf feine Wellen, die an diesem fast windstillen Tag
in leiser Dünung
auf dem weiten weißen Sandstrand ausrollen.

Er gleitet zu Boden,
lässt sich rücklings fallen,
in den mattgrünen Strandhafer.

Tief atmet er ein, Zug für Zug,
füllt er seine Lungen mit der salzigen,
angenehm trockenen Meeresluft.

Nach einer ganzen Weile richtet er sich auf,
blickt auf die sich blau-grün spiegelnde Oberfläche
der weiten Ebene vor ihm.

In ihrem sich unablässig verändernden Farbenspiel
verzaubert sie den Betrachter von Moment zu Moment
immer wieder neu.

Er schaut und schaut – fasziniert,
fassungslos lächelnd,
spürt wie alles in ihm sich mehr und mehr entspannt.

Das ist es, worauf er so lange gewartet hat.
Er ist angekommen.
Endlich zuhause angekommen.

ROT

Die Nervosität steigt.
Eine letzte Kurve noch.
Rot!
Sie steht auf Rot.
Natürlich steht sie auf Rot.
Sie steht immer auf Rot, wenn ich komme.
Es ist ein Gerücht, dass Rot die Farbe der Liebe sei.
Lächerlich.
Rot reimt sich auf Tod.
Rot reimt sich auf Verbot.
Das Verbot, weiter zu fahren.
Grün ist Freiheit, Gas geben, Fortschritt, nach vorne denken.
Rot ist Stillstand.
Blut ist rot.
Blut, das in Wallung kommt.
Blutdruck, der steigt und steigt.
Rot bedeutet Gefahr, Lebensgefahr.
Rot reimt sich auf Idiot.
Sie grinst mich rot an, diese mechanisierte Willkür.
Sonst ist sie immer grün.
Für alle anderen ist sie immer grün.
Freie Fahrt!
Ich hingegen sehe Rot.

Viel länger diesmal, viel länger noch als sonst.

Freiheitsberaubung ist das.

Strafbar sollte das sein.

Verbieten sollte man das.

Immer noch rot.

Beim Fußball bis du raus, wenn dir dieser Klugscheißer Rot zeigt.

Rot reimt sich auf Kot.

Ich scheiße auf diese Ampel.

Es ist immer noch rot.

Vielleicht verpasse ich jetzt meinen Zahnarzttermin. Immerhin ...

Ich hasse diese Ampel.

Das Schicksal hat mir diese Ampel geschickt, als schwere Prüfung.

Rot reimt sich auf Not.

Wie lange im Leben steht man an roten Ampeln?

Da, jetzt, was ist das?

Rot ist aus. Alles ist aus. Kein Gelb. Kein Grün.

Sie blinkt gelb.

Ausgefallen. Sie ist ausgefallen.

Jetzt gilt rechts vor links.

Rechts ist alles voll.

Ich warte ...

SÜßE VERSUCHUNG

Es war der eine Biss zuviel
auf Karamell und Schokolade,
der Schmerz kam über Nacht ins Spiel
und fuhr dem Schlaf in die Parade.

Am Tag danach dann folgt das Wissen,
der Gang zum Arzt – alternativlos,
Bestätigung bei jedem Bissen,
die Knie weich, die Angst ist groß.

So schleppt sich der besorgte Kunde,
voll Reue in die Praxis, doch,
in seinem schmerzverzerrten Munde
klafft jetzt ein kariöses Loch.

All jene süßen Leckereien,
auf die er früher so versessen,
all jene süßen Sünden seien,
am besten gar nicht aufgegessen.

Zurückgeklappt liegt er jetzt da,
geblendet vom Scheinwerferlicht,
kopfüber, hilflos, wehrlos gar
und kein Fluchtweg ist in Sicht.

Der Helfer nähert sich vermummt,
»Das ham wir gleich«, so die Prognose,
beugt sich vornüber und er brummt
»Da war wohl nur 'ne Füllung lose«.

Der Bohrer sucht sich seinen Weg
durch Fäulnis und Verwesung,
bis auf den Grunde stößt er vor,
zum Zwecke der Genesung.

Der Patient schwankt, versucht zu winken
der Bohrer dröhnt, das Wasser fließt,
und zwischen Ohnmacht und Ertrinken
er resigniert die Augen schließt.

Und als er sich schon aufgegeben,
mit allem abgeschlossen hat,
da plötzlich stoppt des Bohrers Streben,
und Stille ist an seiner statt.

Als alles wieder zugeschaufelt,
gereinigt und sauber geflickt,
die Lebensgeister kehr'n zurück
und auch der Arzt zufrieden nickt.

Doch der Patient will keine Schonung
und freut sich nach der Qual erst recht,
und denkt sich: Als kleine Belohnung
wär' Schokolade jetzt nicht schlecht.

Nachtrag:
Entscheidend im Leben ist es immer, auf der richtigen Seite
des Bohrers zu stehen.

DENK MAL

Form gewordener Gedanke
stehst Du da.
Einstmals selbstbewusst und stolz.

Dein müder Blick,
stumpf geworden,
zersetzt, zerfressen von den Elementen.

Im Sturm der Zeiten
hast Du Patina angesetzt.
Zerbröselst hilflos und unbeachtet.

Stück für Stück
verliest Du Deine Würde –
als schließlich auch noch

ein Hund
sich an Dir erleichtert.

DER AUGEN BLICK

Der Augen Blick
klärt in Sekunden
was Worte zu vernebeln suchten.

Entlarvt die Schuld,
beglückt zutiefst,
verbindet und trennt.

Viel zu oft auf alle Zeiten.

DER LETZTE SCHREI

Nein, wie sie wieder aussieht,
ein echter Hingucker.
Die Bluse körperbetont,
der Rock in perfekter Länge –
so grad bis zum Knie.
Die Schuhe sehr geschmackvoll
mit gekonnt gedrechselten Absätzen.
Und das alles in den Farben der Saison.
Bunt halt. Sehr gekonnt.

Nur wenige Monate später:
Wie sieht die denn aus –
unmöööchlich.
Die Bluse viel zu körperbetont,
der Rock nur so grad bis zum Knie,
die Schuhe viel zu hoch –
mit gedrechselten Absätzen.
Und so bunt. Irgendwie billig ...

Der allerletzte Schrei –
er verklingt ungehört.

GEDICHTE (IN EIGENER SACHE)

Ein Autor schrieb mal ein Gedicht,
über seine Vorliebe für Printen,
doch sein Problem: es reimt sich nicht –
und zwar vor allem hinten.

Sanft fließen soll's, wie Ying und Yang,
einen tiefern Sinn ergeben,
und dann auch noch mit schönem Klang,
sich zu 'ner Sinfonie erheben.

So sitzt er da und kämpft um Worte,
es ist ein hartes Ringen,
Gefühle stehen »ante porte«,
davon will er ein Liedchen singen.

Doch die Melodien misslingen,
es fehlen ihm die Harmonien,
die dann durch den Äther schwingen –
so langsam ihm die Kräfte fliehen.

Schweiß bricht ihm aus und Ungeduld,
er will nicht länger warten,
die Götter sind an allem schuld,
an Inspiration heut' sparten.

Die Muse küsst ihn diesmal nicht,
sie küsst jetzt jemand Neuen,
niemand »von oben« zu ihm spricht,
der Neue kann sich freuen.

So steht er auf, jetzt wird er stur,
und geht in seinen Garten,
seine gereimte Literatur
kann heute erst mal warten.

Die Ehefrau kommt und zum Glück
bringt sie ihm ein Stück Torte –
sofort die Muse kommt zurück,
auch sie mag süße Worte.

Wer also liebt seine Figur,
dies ist das Fazit der Geschichte,
der meide die Literatur,
schreibt bloß keine Gedichte.

GNADE EINES FLÜCHTIGEN AUGENBLICKS

Gedankenverloren,
versunken im monotonen Immergleich.
Wie jeden Morgen
im Taktak-Taktak-Taktak der Straßenbahn ,
das dumpfe Schwingen der Körper
im Rhythmus der Gleise.

Taktak-Taktak-Taktak.
Station für Station.
Kommen und Gehen.
Starre Gesichter,
wortloses Aneinandervorbei,
unsägliche Leere im überfüllten Abteil.

Das zwischenzeitliche Öffnen der Türen gibt dem Sauerstoff
eine Chance,
lädt für einen kurzen Moment zum tiefen Durchatmen ein.
Und doch: War da nicht gerade,
in dieser stickigen Melange aus Schweiß, billigem Rasierwas-
ser
und schweren Parfüm
etwas angenehm Fremdes?

Ein leichter Duft von Apfel und Badelotion.
Unbestimmt und dezent.
Ganz kurz nur.
Der suchende Blick nach der Urheberin,
er bleibt haften
auf einer zierlichen kleinen Person am Eingang.

Sie muss gerade zugestiegen sein.
Ungeschminkt, ganz unprätentiös
steht sie da in ihrem leichten Sommerkleid.
Das Haar hinter das Ohr gesteckt.
Nur eine kleine Locke leistet Widerstand
und kringelt sich anarchisch auf ihrer Stirn.

Ob sie wohl schaut?
Sie muss – irgendwann, ganz bestimmt, sie muss.
Dann, nach endlosem Bangen,
streift mich ihr Blick.
Eher zufällig.
Die Bahn hält.

Und als ich's kaum noch zu hoffen wage,
während sie aussteigt,
ein zweiter Blick –
und ein Lächeln.
Dann ist sie weg.

Die Tür schließt sich
und eingehüllt in das erneute Taktak der Bahn
bleibe ich verzaubert zurück.
Ich lasse meine Phantasie die buntesten Bilder malen.
Niemals werden sie von der grausamen Wirklichkeit
einer Alltagsrealität übertüncht werden.

Was für ein Privileg.
Der kurze Moment
euphorischen Glücks.
Ein einmaliger Moment.
Unwiderruflich,
unauslöschlich.

FLUSS

Ein großer Fluss fließt beinah stumm,

verbiegt sich und mäandert krumm
mal links und auch mal rechts herum,
er fließt und fließt so vor sich hin,
denn anders macht's auch keinen Sinn.

Zum Fliegen hat er kein Talent,
weil er das gar nicht anders kennt,
auch Gehen kann er nicht alleine,
denn er hat gar keine Beine.

Der Fluss, wer will es ihm verdenken,
kann sich auch noch so sehr verrenken,
der langen Rede kurzer Schluss,
der Fluss fließt, weil er das so muss.

HEIMATHAFEN

Du kommst zurück
aus stürmischer See,
atmest Geborgenheit –
endlich wieder daheim!

In vertrautem Gelände
gewinnst Du Deine Sicherheit zurück.
Geliebte Seelenverwandtschaften
in geselliger Runde erleben,
wieder festen Boden unter den Füßen fühlen,
Kraft tanken, durchatmen.

Wo kein Angriff droht,
kannst Du die Fäuste sinken lassen,
kehrt Ruhe ein.
Dies ist der Ort,
wo Du Deinen Kahn wieder flottmachen kannst,
frischen Proviant auffüllst,
geschützt hinter dicken Mauern
vor den Stürmen da draußen.

Hier ist es warm und vertraut,
hier ist Dein Boot für Momente sicher vertäut
und dann schließlich fällst Du
in einen tiefen, festen Schlaf,
weit, weit weg von allem.
Du willst nie wieder gehen
und doch am nächsten Tag
lichtest Du die Anker
und setzt die Segel neu –
für den nächsten Törn.

IM HERBSTSTURM

Dunkle Wolkenfetzen
jagen über mich hinweg.
Peitschen weiß-schäumende Gischt
um meine Füße.
Dick vermummt stehe ich
am menschenleeren Strand,
atemlos staunend,
vor mir die sich türmende See.

Donnernd schlagen die grün-grauen Wasserberge
gegen die Bunen,
bevor sie murmelnd auf dem weiß beschäumten Sand aus-
rollen.
Den hemmungslosen Genuss gedankenloser Leere im Kopf,
schließe ich die Augen,
spüre die Kraft der Natur,
während der Sturm mich in die Dünen zu drücken sucht.

Stemme mich wohlig dagegen,
in die Boen hinein,
sauge tief die kalte Frische
in mich auf,
die mir vom wild brodelnden Meer entgegenschlägt.
Spüre, wie sie meine Lungen füllt.
Atme ruhig und frei.

Längst sind meine Gedanken in der Ferne
hinter dem Horizont weit weit weg.

Irgendwann dann
nach glückseeligen Ewigkeiten leise frierend,
wende ich mich um,
Schutz suchend irgendwo im sicheren Schatten
hinter den mächtigen Dünen,
bei einem heißen Krug Tee.

Zuhause.

ICH SCHWITZE

Der Schatten unter'm Baum hat Lücken,
ich sitze da und schwitze,
das Wasser läuft mir über'n Rücken,
kein Wunder bei der Hitze.

Ich les' ein dickes Buch
über makabre Witze,
doch heute ist es wie ein Fluch,
ich sitze da und schwitze.

Ich geh im Wald spazieren,
ich seh ein Reh mit Kitze
und tu als würd's mich intressier'n,
ich sitze da und schwitze.

Dann such ich Schutz vor schlechtem Wetter,
ich habe Angst vor Blitze,
im Haus von meinem Vetter,
ich sitze da und schwitze.

Selbst wenn ich gar nix tu
und leg mich in die Ritze (Bett),
lasst mich doch alle heut in Ruh,
ich liege da und schwitze.

Ich sitze hier und liege da
und schwitze wie ein Schwein,
ich sag nicht nein und sag nicht ja –
mir fällt ja doch nix Bess'res ein.

(es gibt solche Tage ...)

»GUTE« ALTE ZEIT

Manchmal schweift mein Blick zurück,
Erinnerungen werden wach,
an ein Leben voller Glück,
Kindheitstage klingen nach.

Schneeballschlachten dann und wann,
im Waldbach nachts Forellen fangen,
Osterhase, Weihnachtsmann,
in die Bonbon-Dose langen.

Der erste Kuss, der erste Schnaps,
trotz schlechter Noten noch versetzt,
vom Vater gab's den ersten Klaps,
laut schreiend blieb ich unverletzt.

Heile Welt ganz unverstellt,
geseh'n mit leucht'ndem Kinderblick,
alles schien wie's uns gefällt,
so trügt er oft, der Blick zurück.

Opa sitzt schweigend mit am Tisch,
denkt oft an eher dunkle Stunden,
seine Erinnerungen sind noch frisch,
an so manche tiefe Wunden.

Alles Hab und Gut verloren,
durch Wirtschaftskrise, Inflation,
ein Sohn wurde ihm tot geboren,
viel Arbeit war's für wenig Lohn.

So schweigt er still und schmunzelt leise
und hofft dafür nicht minder,
dass alles gut wird, denkt er weise,
für seine Enkelkinder.

Vielleicht war's doch gar nicht so gut,
in der guten alten Zeit,
wie man allzu oft gern tut,
und erster Zweifel macht sich breit.

Zeigt doch jeder Blick zurück
immer nur ein Stück vom Glück.
Und je nach eig'ner Perspektive –
die Statik unserer Erinnerung

bleibt immer eine schiefe.

ORIGINAL UND FÄLSCHUNG

Bunt verschmolzenes Konzentrat aus Erinnerungen
als Quintessenz besonderer Momente.

Überschäumend, schier zerspringend vor Glück
und ekstatischem Genuss.

Schwebend, taumelnd, fast besinnungslos vor Freude,
Hoffnung, Kraft und festem Willen.

Dazwischen geschlagen, verletzt,
getrieben von Sorge und Schmerz.

Verzweifelt ob vertaner Chancen,
der Hoffnung auf das große Los.

Hin und her geworfen,
gestrauchelt, gestrandet.

Gestürzt und wieder aufgestanden,
gescheitert, gewonnen – alt geworden.

Milde malt unsere kränkelnde Erinnerung
aus all' diesen schrillen Lebensfarben

ein ganz neues Bild,
viel schöner und bunter als das Original.
Beglückt und stolz zeigen wir es überall her,
gierig nach höflichem Applaus.

Die Erinnerung –
sie malt mit goldenem Pinsel.

Original und Fälschung –
unsere letzte Tat, sie bleibt straffrei.

PAPAGEI

Du bunt gefiederter Quatschkopf,
Du neunmal-kluger Naseweis.

Vorlaut und frech
sitzt Du da auf Deiner Stange.

Weißt alles besser,
halt endlich Deinen Schnabel.

Was sagst Du –
ein Papagei redet immer wie sein Herrchen?!

LÖWE

Und Du willst der König aller Tiere sein?

Ohne Deinen Harem wärst Du ein Nichts.

EINSAM

Blumen stehen dicht an dicht,
geben der Wiese ihr Gesicht.

Einsam wird es auf der Wiese –
ohne diese.

NÄCHSTENLIEBE

Liebe Deinen Nächsten
wie Dich selbst.

Am nächsten
ist man sich ohnehin meistens selber.

NEU

Nichts ist
wirklich neu
alles war
schon mal da
irgendwann
irgendwo
sowieso.

NUR MUT!

Es tut so gut,
endlich mal laut zu werden,
mit ganz viel aufrichtiger Wut,
anstelle hilfloser Gebärden,
wie eine starke große Flut,
Kraft zu spüren und zu fühlen,
dass Verstand und Anstand wieder sprießen,
den ganzen Dreck hinweg zu spülen,
den Idioten uns hinterließen.

Und dennoch:
Schlau zu reden, ist ganz leicht,
doch nur das ist wahrer Mut,
was man schließlich dann erreicht,
wenn man es auch wirklich tut.

GEWOHNHEITSTIER

Tief in uns allen, das sag ich hier,
lebt heimlich das Gewohnheitstier.

Käut wieder, was schon mal gekaut,
verdaut, was schon mal vorverdaut.

Gemacht, was immer schon gemacht,
gedacht, was immer schon gedacht.

Veränderungen, dann aber bitte,
immer nur im kleinen Schritte.

Das Bewährte wird bewahrt,
Neues wird gern ausgespart.

Wege, die schon eingefahren,
fährt man weiter, auch nach Jahren.

Gleichschritt, Ordnung statt Gewühl,
gibt uns allen das Gefühl,

Sicherheit ist das Ergebnis,
Langeweile als Erlebnis.

Sicherheit ist sicher wichtig,
doch Fortschritt ist genau so richtig.
Aus Fehlern lernt man doch am meisten,
und Stillstand können wir uns nicht leisten.

GUTER RAT IST TEUER

Guter Rat ist teuer,
das kann ich mir nicht leisten,
dann kommt auch noch die Steuer,
das ärgert mich am meisten.

Experten und Doktoren,
was die nicht alles wissen,
wurden schon schlau geboren,
bis sie ins Grase bissen.

Besserwisser, Selbergrüßer,
intellektuelle Spießer,
gernegroße Weltversüßer,
Wasser-in-den-Rotwein-Gießer.

Sie glauben wohl, Sie haben das Abo
auf das letzte Wort,
machen damit die Menschheit froh,
denn Denken sei ihr Sport.

Doch auch sie verrechnen sich,
obwohl sie's ahnen müssen,
ihr Hochmut der Erkenntnis wich,
man kann nicht alles wissen.

Guter Rat ist teuer,
das kann ich mir nicht leisten,
dann kommt auch noch die Steuer,
das ärgert mich am meisten.

ES IST ZEIT!

Ich wünschte, ich wäre nochmal acht,
die Schule aus und gleich nach Hause,
die Hausaufgaben sind gemacht,
dann Abenteuer ohne Pause.

Expeditionen durch den Wald,
ich bin das erste Mal verliebt,
ein Winter ist noch richtig kalt,
für mich gibt's nichts, was es nicht gibt.

Grenzenlos ist mein Vertrauen,
irgendwann wird alles gut,
darauf lässt sich Zukunft bauen,
auf Optimismus, Kraft und Mut.

Mit Oma hinter'm Ofen sitzen,
Brötchen rösten auf der Platte,
dem Nachbarn Erdbeeren stibitzen
und Karussell und Zuckerwatte.

Doch uns're Kindheit ist passé,
Vergangenheit ist längst vergangen,
genau wie meterhoher Schnee,
alte Bilder abgehangen.

Die Unschuld ging uns längst verloren,
Schecks auf die Zukunft ausgestellt,
in Saus und Braus hinein geboren,
»Vollgas« und »Was kost' die Welt«.

Wir müssen wieder etwas tun,
»work life balance« hilft hier nicht,
anstatt uns weiter auszuruhn,
gestern war Kür – jetzt kommt die Pflicht.

Die Zukunft wieder neu gewinnen,
Angriff statt Verteidigung,
damit will ich jetzt beginnen,
dafür nehm' ich neuen Schwung.

GENUSS

Ein Glas Rotwein zur Belohnung,
ein Spaziergang durch den Wald,
eine klassische Vertonung,
so etwas lässt keinen kalt.

Auto fahren oben offen,
Eisvergnügen auf zwei Kufen,
Rendevouz in edlen Stoffen,
nach dem Suff das Taxi rufen.

Hoffen auf den Hauptgewinn,
in der Kneipe »Hoch die Tassen«,
irgendwas tun ohne Sinn,
einfach mal sein Geld verprassen.

Alle Fünfe grad' sein lassen.

Zeit, über die Stränge zu schlagen.
Zeit, das Schicksal zu begießen.
Zeit, jetzt nichts mehr zu vertagen.
Zeit, den Genuss zu genießen.

RENDITE

Hört Ihr Leute, was einst geschah:
Es war einmal eine Termite,
sie räuberte hier, sie räuberte da,
denn sie träumte von Rendite.

So lebte sie versteckt im Wald,
rücksichtslos und gnadenlos,
das Schicksal der anderen ließ sie kalt,
die Gier nach mehr fand sie famos.

Die Maximierung des Gewinns,
das war ihr einziges Ziel,
die stand im Zentrum ihres Sinns,
es bedeutete ihr viel.

Doch am Ende war's fair,
das Schicksal kam und fraß die Termite,
es war ein junger Ameisenbär,
auch er liebte Rendite.

AB IN DEN URLAUB ...

Feiertag! – Was willst Du mehr?
Schnell das Auto vollgepackt
und dann ab in den Verkehr,
die Familie wirkt intakt.

Doch nach wenjen Kilometern
auf der neuen Autobahn
beginnt auch schon das große Zetern,
schwierig wird das Weiterfahrn.

»Mir ist schlecht«, stöhnt es von fern
und die Kinder haben Durst,
Opa muss für ält're Herrn,
doch das ist mir alles Wurst.

Denn halten kann ich grade kaum,
Lichthupe kommt vom Hintermann,
vor dem Mund hat er schon Schaum,
weil man schneller fahren kann.

Ich murmle noch, dass er mich kann,
bin immer auf der linken Spur,
und fahre jetzt besonders lahm,
der hinten tobt – vorn: Freude pur.

Mit Überschall ist aber Schluss,
Schnellfahren macht nun keinen Sinn mehr,
weil man bei Stau halten muss,
ruht jetzt plötzlich der Verkehr.

Scheibe runter, frische Luft,
es riecht nach Abgas und nach Teer,
vom Auto vor uns ausgepufft,
atmet die Familie schwer.

Stehend ist jetzt endlich Zeit,
sich die Landschaft anzusehn,
der Urlaubsort ist noch sehr weit,
im Auto macht man sich's bequem.

Frau schnappt sich ein gutes Buch,
für die Kinder gibt's 'ne Wurst,
und als ich die Brille such,
kommt noch was Kaltes für den Durst.

Während ich über den Service staune,
scheint mir die Sonne auf den Bauch,
doch nach Stunden kippt die Laune,
der Motor kocht, der Fahrer auch,

Motor an und Motor aus,
ich krieg die Kupplung nicht zu fassen,
erster Gang rein, wieder raus,
bloß keinen dazwischen lassen.
Frische Gase für die Nase,
es dröhnt Musik vom Nebenmann,
doch in dieser heiklen Phase
bricht blanker Hass sich seine Bahn.

Per Rechtslinksrechts-Kombination
schieß ich mit Vollgas in die Lücke,
drei Meter vorwärts sind der Lohn,
Siegesgefühl dank List und Tücke.

Im Auto vor mir wird gedroht,
die Tankanzeige warnt, oh Schreck,
der Ton entgleist, der Kopf knallrot,
doch komme ich nicht weg vom Fleck.

Ein Baustellenschild informiert,
für mich würd' hier gebaut zur Zeit,
doch irgendwie bin ich verwirrt,
denn hier baut keiner weit und breit.

Nie wieder, künftig nur noch nachts,
am Seitenrand 'ne Reifenpanne,
denk ich noch bei mir, doch dann kracht's
und Frau verreißt die Kaffeekanne.

Der Hintermann vom Hintermann
hat offenbar und unterdessen,
so hörte sich das eben an,
im Tran das Bremsen glatt vergessen.
Schwein gehabt, denk ich charmant
und jetzt lächele ich heiter,
starte die Triebwerke galant,
denn nun geht es endlich weiter.

Langsam löst sich alles auf,
freie Fahrt für freie Autos,
Urlaub nimmt jetzt seinen Lauf,
rollen wir von dannen lautlos.

Strahlend hör ich Oma sagen:
»Und das weiß ich ganz genau,
auf dem Rückweg in drei Tagen
stehen wir im gleichen Stau.«

IS WAS?

Iss was, Kind,
damit Du was auf die Rippen kriegst.
Das Kind ist zu dünn!

Und etliche Butterbrote später:
Das Kind ist zu dick!
Bewegung – viel Bewegung ist gut.

Und ausgewogene Ernährung.
Oder Diät.
Ananas oder was.

Später dann wegen Appetitlosigkeit –
Verdacht auf Magersucht.
Kind, so iss doch was.

Das Mädchen ist zu dünn!
Dann nach der Schwangerschaft
Bauch-Beine-Po.

Oder Diät. Ananas oder was.
Im Alter dann viel zu dürr.
Mein Gott, ist die dürr.

Irgendwann is dann Schluss.
Is was?

KALORIEN

Immer wenn's gemütlich wird,
kommen sie.
Ein Gläschen Wein, Chips, eine Tafel Schokolade.
Sie kommen – und sie kommen nie allein.
Sie kommen zu Hunderten.
Setzen sich überall hin.
Auf Hüften, innere Organe,
Bauch, Beine, Po
sowieso.
Aus allem machen sie eine »runde Sache«.
Sie sind die kleinen Spielverderber.
Kleine Ursache, große Wirkung.
Alles in der Natur hat seinen Sinn, sagt man.
Was haben Kalorien für einen Sinn?
Wozu sind die kleinen Quälgeister gut?
Die Muskeln verbrennen sie,
um leistungsfähig zu sein.
Aber warum verbrennen sie nicht alle?
Irgendwer bleibt immer übrig ...
Vielleicht hilft es ja, wenn ich mich mehr bewege?
Wenn ich häufiger selber aufstehe und zum Kühlschrank gehe.
Und/oder: Auf »Gemütlichkeit« verzichten.
Kein leckeres Eis mehr, keine niedlichen kleinen bunten Gummibärchen ...

Diese Wahl – so oder so endet sie mit Qual.

KOMPASS

Mag sein, dass alles am Gelde hängt.
Mag sein, dass alles zum Gelde drängt.

Aber es ist eben dieses Geld,
das vielen schnell den Blick verstellt.

Einen inneren Kompass

kann man weder ererben
noch käuflich erwerben.

IM SCHATTEN

Licht ist Leben.

Alles drängt zum Licht,
dorthin, wo es hell ist und warm.
Wo die Sonne bunte Farben
schillernd leuchten lässt.

Doch merke:
Es gibt Zeiten,
in denen die gleiche Sonne
alles Leben verbrennt.

Dann ist es im Schatten
angenehm kühl.

HEIMWERKERS KUNST

Die Werkbank ist ihr Hochaltar,
der Baumarkt ihre Kathedrale.
Die Pilger zieh'n in großer Schar,
zu räubern die Regale.

Wenn Sonderangebote locken,
den Bohrer gibt's zum halben Preis,
lässt ihnen das den Atem stocken,
dann laufen die Motoren heiß.

Zuhause steh'n dann die Trophäen
fein säuberlich sortiert nach Größe,
damit dies auch die Gäste sähen,
der Hausherr gibt sich keine Blöße.

Selbst ist der Mann – oder die Frau,
man schräubelt, dübelt, spachtelt, streicht,
warum weiß niemand so genau,
wenn das Talent dazu nicht reicht.

Die Wohnung als Gesamtkunstwerk?
Längst ist die Kunst ihnen entglitten,
sie haben's nur noch nicht gemerkt,
noch ist der »Künstler« unumstritten ...

Wenn Gattin dann den Künstler weckt
die Wohnung unter Wasser steht,
die selbst verlegte Leitung leckt,
ganz leis Heimwerkers Glanz vergeht.

Wenn Ehepaare sich zerstreiten,
die selbst erbaute Welt erbebt,
Tapeten von den Wänden gleiten,
und weil sich das Parkett erhebt,

wenn dann auch noch die Fliese reißt,
die Weisheit folgt dann auf dem Fuß,
die auch dem Heimwerker beweist,
dass Kunst von Können kommen muss.

IN DUNKLEN NÄCHTEN

In dunklen Nächten

kriechst Du zu mir
unter die Bettdecke.

Dicht neben mir
spür ich Deinen heißen Atem.

Umklammerst fest
mein kleines verzagtes Herz.

Treibst mir den Angstschweiß
aus den Poren.

Woher kommst Du,
raubst mir fast den Verstand?

Du machst mich schlaflos,
lässt mir kaum einen klaren Gedanken.

Bis zum nächsten Morgen
bleibst Du bei mir.

Dann bin ich wieder frei.

VIER JAHRESZEITEN

Im Frühling startet alles neu.
Im Sommer wird's sehr heiß.
Im Herbst trennt man den Weizen von der Spreu.
Im Winter blüht es weiß.

Genau so kurz wie diese Zeilen,
zählt man bis eins, zwei oder drei,
sieht man das Jahr vorüber eilen –
genau so schnell ist es vorbei.

IM WALD

Schon nach wenigen Schritten

Eine leichte Brise weht durch das Laubdach

Millionen Blätter rauschen über mir im Wind

Sanft umhüllt mich eine Sinfonie von Stimmen

Fast wie sphärische Klänge aus einer anderen Welt

Die Luft schmeckt leicht modrig
durch die fortwährende Zersetzung organischer Stoffe

Basis für sich immer weiter erneuerndes Leben

Überall ist Licht, überall ist Farbe, leuchtet flirrend durch das
Blätterdach

Zeit und Raum scheinen miteinander zu verschmelzen

Eine feuchte Kühle legt sich auf die Haut

Überall kriecht, gräbt, flattert, fliegt etwas

Alles in mir beginnt sich zu lösen

Trägt mich fort, meine Gedanken, meine Sorgen, verwandelt mich

Etwas durch und durch Positives, Freundliches ist um mich

Wie ein Gottesdienst, wie eine innere Einkehr

Diese Welt öffnet den Blick, führt mich zu mir selbst zurück

Erinnerungen werden wach an erste Kindheitserlebnisse im Wald

Verzaubernd, belebend, erfrischend, aller Wirklichkeit entrückt

Monumental, kraftvoll – und doch sensibel, zerbrechlich, zart

(Hier ist das Leben und entsteht immer wieder neu.
Hier wurden wir vor Millionen Jahren geboren.
Wenn wir diese Welt vernichten, werden wir mit ihr untergehen.)

SCHNUPFEN

Über nacht, wie ungerecht,
Virus kam, nun geht's mir schlecht,
Nase zu, ich fürchte Schnupfen,
dazu Fieber, Stirn abtupfen.

Irgendwie kratzt auch der Hals,
Arbeit morgen? – Keinesfalls,
Tropfen, Salben,
meinethalben.

Keinen Hunger, eher satt,
fühle mich unendlich platt,
brauche eine dicke Decke,
unter der ich mich verstecke.

Großes Kissen noch als Stütze,
auf dem Kopf 'ne dicke Mütze,
Fieber hoch – eventuell,
man reiche mir Getränke schnell.

Vielleicht ja eine Rinderbrühe
dann zur Stärkung in der Frühe.

Und zu abendlicher Stunde
damit ich dann wieder gesunde,
bräuchte ich noch etwas Kräft'ges,
Aufbauendes, eher Deftiges.

Übermorgen eventuell,
vielleicht aber auch nicht ganz so schnell,
bin ich wieder ganz der Alte –
wenn ich nicht zuvor erkalte.

ZURÜCK AUF »LOS«

Eeeene, meeene, muh –
und raus bist Du!
Job verloren, krank geworden
Frau verloren?
Aussortiert vom Schicksal.
Treffen kann's jeden. –
Die Guten ins Töpfchen,
die Schlechten ins Tröpfchen,
...und raus bist Du!

Zerschlagen, vernichtet,
erbrochen von der Gesellschaft,
heraus gewürgt und ausgespien.
Ab mit Dir
auf den großen Abfallhaufen.
...und raus bist Du!

Geh zurück auf »Los« –
aber die Chance auf einen Neubeginn
gibt Dir hier keiner.
Nach freiem Fall
hart aufgeschlagen –
und der Fahrstuhl nach oben
ist außer Betrieb.
Dafür sorgen schon »die da oben«.
...und raus bist Du!

Hier schlägt und bestiehlt
der Stärkere den Schwächeren.
Draußen unter der Brücke
schläft sich's sicherer
als in der Bahnhofsmission.
Endstation Sehnsucht?
Hier hilft Dir niemand.
Das Licht am Ende des Tunnels –
eine Fata Morgana.
...und raus bist Du!

Warum machst Du trotzdem weiter?
Du sagst, die Hoffnung stirbt zuletzt?
Hin und wieder schafft's tatsächlich einer?
Zurück auf »Los« –
wer's glaubt wird selig.

WAS SOLL DENN NUR DER NACHBAR DENKEN ...

Das Auto alt, dazu die Beulen,
TÜV verweigert, es ist zum Heulen,
was soll denn nur der Nachbar denken.

Mit Social Media nicht up-to-date,
als »Dino« immer viel zu »late«,
was soll denn nur der Nachbar denken.

Modisch auch nicht sehr weit vorn,
schon nehm' die Freunde dich auf's Korn,
was soll denn nur der Nachbar denken.

Karriere verpasst,
vom Chef geschasst,
was soll denn nur der Nachbar denken.

Gewohnt wird außerdem zur Miete,
die Bank verweigert die Kredite,
was soll denn nur der Nachbar denken.

Die Jacke dreckig,
die Hose speckig,
was soll denn nur der Nachbar denken.

Wenn nix mehr sprießt,
weil niemand gießt,
was soll denn nur der Nachbar denken.

Das Kind ist in der Schule schlecht,
»weil's faul ist – das geschieht ihm recht«,
was soll denn nur der Nachbar denken.

Zwei Jahre nicht mehr weg gewesen,
nur Kurzurlaub in den Vogesen,
was soll denn nur der Nachbar denken.

Leben im fremdbestimmten Rhythmus
und jeder glaubt, dass er da mit muss.
Einziger Trost der fehlgestellten Weiche,
der Nachbar – ganz sicher – denkt das Gleiche.

DANKE

»Danke« zu sagen heißt,
eine Tür auf zu machen,
jemanden hinein zu lassen.

»Danke« zu sagen heißt,
eigene Schwäche einzugestehen
und Verwundbarkeit.

In einer Zeit, in der nur Sieger zählen,
heißt »Danke« zu sagen,
zuzugeben, für einen kurzen Moment
Hilfe benötigt zu haben.

Für ein »Danke«
muss man sich Zeit nehmen,
sich auf sich selbst einlassen –
sich ganz klein machen.

Doch der Lohn ist fürstlich.
Nicht selten ist ein »Danke«
der Beginn einer tiefen Freundschaft.

Warum fällt uns dieses wichtige Wort
oft so schwer?

GRENZEN

In seinem Schuhregal
schlummert schon seit Jahren
ein Pärchen von verblichenem Charme.

Die Senkel gerissen,
das Leder geborsten,
die Sohle mit einem klaffenden Leck.

Und dann gerät er ins Philosophieren
und sinniert, wo er überall schon gewesen ist
mit diesen Tretern.

Mein Gott,
durch sein halbes Leben
haben sie ihn getragen.

Vielleicht nicht immer mit dem letzten Chick,
aber stets zuverlässig
und solide.

Und während er fast träumerisch die Konturen nachzieht,
gibt er sich schließlich doch einen Ruck
und wirft sie in einem weiten Bogen in die Mülltonne.

Auch Philosophie hat ihre Grenzen.

HUT

Der elegante Mensch von Welt,
der fand ihn schon immer gut,
denn wer etwas auf sich hält,
der die das trägt einen Hut.

Der Dandy trägt ihn sehr entspannt
und auch gerne etwas schief,
er umgarnt die Frau charmant,
bis ihn der Mann zur Ordnung rief.

Beim Pferderennen unterdessen,
Früchte, Gemüse und so weiter,
Frau trägt auf dem Hut ihr Essen,
das stimmt den Betrachter heiter.

Der Soldat trägt einen Helm,
ob er ihn denn gerne trage,
fragte ihn einmal ein Schelm –
eine Überlebensfrage.

Dem Koch hilft seine weiße Mütze,
passt sehr gut zu seinem Frack,
verhindert Haare in der Grütze,
das ist gut für den Geschmack.

Der Kapitän trägt seine Mütze
nicht sehr gern bei starkem Wind,
weil sie ihm da wenig nütze,
drum lässt er sie in seinem Spind.

Der Jockey schwört, dass nur mit Kappe
akzeptiere ihn sein Pferd,
meistens Stute oder Rappe,
das ist ihm die Mühe wert.

Beim Polizisten ist 's die Norm
und beim Postbeamten auch,
gehört er doch zur Uniform,
in Deutschland ist das guter Brauch.

Und als Sonnenschutz am Strand
oder auf dem Schiff an Deck
ist er durchaus sehr charmant,
schützt er doch vor Möwendreck.

Selbst wenn der Hut einmal beschädigt
ist er noch für etwas gut – nur,
bin auch ich nicht immer gnädig,
wenn mir dann reißt die Hutschnur.

SCHNEEMANN

Der erste Schnee
kam über Nacht
und legt sich leise
auf die Welt,
deckt zu, was gestern noch gedacht,
den Neid, den Hass, die Gier nach Geld.

Und helle Kinderstimmen
begrüßen früh die weiße Pracht.
Sie stürmen hinaus
am Morgen danach,
als die Sonne
vom tiefblauen Himmel lacht.

Schnell, schnell,
hinaus auf's friedlich weiße Feld,
drei Kugeln gerollt
und aufeinander gestellt.
Drei Kugeln aus all' dem,
wie wir gern wär'n.
Drei Kugeln aus Liebe, Nähe und Mut,
dazu Karottennase, Schal
und ein Hut.

So gibt ein jeder von sich das Beste,
ein Kunstwerk entsteht,
ein Schneemann, so schön,
voll feinster Zutaten – und Reste,
moralisch-ethisch hübsch anzusehen.

Doch wenn die Temperaturen dann steigen,
wenn das Licht der Wahrheit
hoch am Himmel steht,
dann geht's ganz schnell bergab
und alle schweigen –
und die Moral vergeht.

SCHMIERIG

Eine Hand schmiert die andere.
Einflussreiche Kräfte
suchen nach Verbündeten.
Seilschaften nennt man das wohl.

Schießen wie Pilze
aus dem Boden unserer Gesellschaft.
Eigennutz frisst sich
wie ein Krebsgeschwür
durch unser Land und zersetzt alles.

Und die Therapie?

NOVEMBER-BLUES

Exodus des Lichts
Letztes Aufglimmen herbstlichen Farbenrausches
Dann versinkt alles in dumpfem Grau in Grau
Fallen Blätter, fallen unablässig
Legt sich Stille über das Land
Stellt die Natur das Atmen ein
Tiefer traumloser Schlaf
Kommt Sturm auf, bläst Lichter aus
Fegt hinweg den Duft nach Astern, frisch gemähtem Korn
Klopft monoton der Regen an unsere Fenster
Trieft es überall von den Bäumen herab
Friert Kälte das Leben ein
Wachsen Eiskristalle auf dürren kahlen Ästen
Legen sich erste Flocken knisternd auf das tote Laub
Riecht es nach nichts mehr
Als modrig Sterbendem
Duckt alles Leben sich weg, gräbt sich tief ein
Legt sich dichter Nebel wie Watte zwischen uns
Kostet jedes Wort Überwindung

Und doch:
Goldgelb leuchtet Tee im Kerzenschein
Und irgendwo stricken zittrige Hände an einem Schal.

TEDDYBÄR

Du einziger Freund,
geduldiger Zuhörer,
lebenslanger Begleiter durch dunkle Krisen,
Verbündeter im Kampf gegen alles Böse.

Wir sind alt geworden,
mit abgewetztem Charme
sitzt Du da
und denkst Dir Dein Teilchen ...

Ein Arm ging uns verloren
im Sturm der Zeiten.
Das Fell zerzaust
gaben wir dennoch niemals auf.

Vielleicht wirst Du eines Tages
mein einziges Vermächtnis sein,
mein letzter treuer Freund
und Wegbegleiter.

Und doch –
kann es etwas Wertvolleres geben?

SCHON ÄLTER ...

Es geht nicht mehr ...
Was???
Wie, was? – Das heißt »wie bitte« ...
Nein, nein, ich meine, WAS genau geht nicht mehr?
Na, dass weiß Du doch selbst ...
Nee, weiß ich nicht ...
Na dies und das. Das Gehör lässt nach ...
Wie, ich hab Dich nicht verstanden. Ich hör' nicht so gut, in letzter Zeit ...
Siehst Du ... Und während ich früher erst gegen Mitternacht zu Bett gegangen bin, bin ich heute zu diesem Zeitpunkt bereits zweimal wieder aufgestanden ...
Jaja, aber sonst ist doch alles in Butter ...
Nunja, ich nehm jetzt den Fahrstuhl. Früher bin ich die Treppen nur so rauf gehuscht.
Ist ja ohnehin besser für die Gelenke ...
Apropos – ich bezahle jetzt für jemanden, der sich für mich bückt, im Haushalt, im Garten und so ...
Hast Du gerade eben die hübsche Blonde gesehen?
Wo?
Siehste, das geht auch nicht mehr ...
Aufregen tue ich mich auch nicht mehr so schnell wie früher.
Worüber denn auch?
Hab ich vergessen.
Ich auch – ist das nicht herrlich?

DER ZUG DER KRANICHE

Es ist kalt geworden.
Auf goldgelben Herbstblättern
wachsen erste Eiskristalle.
Raureif überzieht die Gräser.
Dünnes Eis versiegelt den See.
Ruhe ist eingekehrt.
Meisen picken in verblühten Hagebutten
nach letzten Samenresten.
Der nahende Winter schickt seine ersten Gesandten,
haucht seinen kalten Atem über das Land.

Dann sind sie plötzlich da.
Ihr klagender Ruf klirrt vielstimmig
durch die kristallklare Luft
am tiefblauen Oktoberhimmel.
Kommen sie langsam näher,
in typischer Formation,
mit ihren lang gereckten Hälsen,
mit majestätischen Flügelschlägen.

Für einen kurzen Moment
kommt Unruhe in ihre Formation,
ein kurzes Orientieren wohl,
dann haben sie sich gefunden.

Auf der Suche nach der Wärme des Südens
ziehen sie weiter,
einen Augenblick lang sehe ich sie noch,
dann verschwinden sie
in den Kronen
des lichter werdenden Blätterdachs über mir.

Für eine kurze Weile
höre ich noch ihre Rufe,
immer leiser werdend –
dann wächst wieder
die Stille über das Land.

WENJER

Ick muss wenjer werden, sacht meine Frau.
Wie, wenjer?
Ja, wenjer halt. Von allem wenjer, fastehste ...?
Nee, fastehch nich ...
Na wenjer Killos sowieso – alles spannt. Und auch so – mehr
alljemein – wenjer halt ...
Wie, alljemein ...?
Ja, auch so im Leben wenjer. Wenjer Stress zum Beispiel. Frau
sacht, wenjer Stress heißt mehr und länger leben ...
Ja, das macht Sinn.
Nich wahr, und wenjer Luxus und so ... Denn wenjer Luxus
heißt wenjer Geld-Stress.
Stimmt auch wieder ...
Und, sacht'se, wenjer Fapflichtungen, Termine und so ...
Jau ...
Zum Beispiel unsere Skatrunde, sacht'se. Und die Fußball-
Truppe meint'se glaub ick auch ...
*Watt ...? Dat is nicht wenjer, dat is Null-Diät. Es soll Leute
geben, die sind bei so 'ner Diät schon verhungert. N'bisschen
Stress is nämlich gesund, glaub ick. Positiv-Stress nennt der
Arzt das, glaub ick ...*
Denn also weiter wie bisher?
Jennau – wohlsein.

UNENDLICHKEIT

Wenn Raum und Zeit Prozesse sind,
sich unendlich weiter entwickelnd,
alles in Bedeutungslosigkeit versinkt,
winzig klein und belanglos wird ...

Was für ein Trost –
ist uns wenigstens ein Teil
der Verantwortung genommen
für all' das Zerstörerische menschlichen Tuns.

Wenn also nichts jemals ein Ende haben wird,
alles in Bewegung bleibt,
wenn alles Sein in Dimensionen sich bewegt,
die unsere Sinne nicht auch nur ansatzweise
zu erfassen jemals in der Lage sein werden ...

Dann verlieren wir
in all' unserer Unvollkommenheit
fast völlig jede Bedeutung.
Unendlichkeit ist dann unser aller Trost und Befreiung ...

Enthebt uns aber dennoch nicht der Verantwortung,
wenigstens immer wieder
den Versuch zu unternehmen,
der Schöpfung mit Respekt zu begegnen.

DIE WEICHEI-STRATEGIE

Sie war wohl nicht ganz konzentriert,
einen Moment lang abgelenkt,
die Damen saßen ja zu viert,
hatten die Köpfe tief gesenkt.

Sie waren auf's Gespräch fixiert,
so saßen sie auf ihren Nestern
und gackerten dort amüsiert,
lauschten sie auf die News von gestern.

Dann gab sie ein Gedicht zu Besten
und unter donnerndem Applaus,
auch von den umstehenden Gästen,
rutschte ihr was Weißes raus.

Sie stand auf und putzte sich,
stolzierte durch's Gehege,
doch irgendetwas stimmte nicht
mit ihrem letzten Gelege.

Und schon am Tag darauf,
sie wartete auf ihren Lohn,
nahm das Unheil seinen Lauf,
es folgte die Reklamation.

Im Meeting mit dem Bauern,
zur Steigerung der Qualität,
erklärte dieser mit Bedauern,
dass es damit abwärts geht.

Eines der Eier sei defekt,
es hätte eine weiche Stelle,
dort wäre es wohl angeeckt –
und hätte jetzt 'ne Delle.

Die Henne, schlagfertig und schlau,
macht aus der Not 'ne Tugend,
erklärt dem Bauern ganz genau,
dies sei 'ne Neuheit für die Jugend.

Das neue Ei zeigt Haltung,
stets steht es wie ein Einer,
bringt neue Chancen zur Entfaltung,
ein Mangel sei die Delle keiner.

Das Ei – jetzt innovativ mit Delle,
sei gegen das Establishment,
das sei das Individuelle,
argumentiert sie vehement.

Der Bauer, ob dieser Philosophie,
verdoppelt sofort ihren Lohn,
denn Marketing ist Strategie,
bedeutet Massenproduktion.

Hast auch Du 'ne kleine Delle?
Haltung erfordert immer Mut –
eine kleine weiche Stelle
ist da manchmal richtig gut.

FORTSCHRITT

Wenn Technik uns
immer schneller macht,

wenn immer mehr Schnelligkeit
immer mehr Leistung bedeutet,

wenn immer mehr Leistung
immer mehr Druck bedeutet,

wenn immer mehr Druck
immer weniger Leben bedeutet –

ist dann Fortschritt
wirklich Fortschritt?

WOLKE

(»Luftpost« an mein Enkelkind)

Ganz leicht
Frei
Wie schwerelos
Lässt dich vom Wind treiben
Ziehst schäfchengleich deine Bahn
Am tiefblauen Sommerhimmel
Stehst über uns
Schaust beglückt
Auf das muntere Treiben unter dir
Verletzlich
Zart und fein
Bringst du Leben
In unsere Wüsten
Stürmst du
Über uns hinweg
In atemlosem Tempo

Läufst manchmal vor Zorn
Schwarz an
Türmst du dich auf
Wenn du überläufst
Vor Trauer
Hängst du tief
Und weinst dich aus
Wenn du wohltuenden Schatten spendest
Rettest du Leben

Ohne dich
Wär' alles nichts.

(mein Enkelkind heißt »Wolke« –
was für ein wundervoller Name für einen Menschen)

FREUNDSCHAFT

Mit wachsender Entfernung von einander
kommt immer mehr
die Nähe.

Erinnerungen an gemeinsam Erlebtes,
starkes, gewebtes Band,
verflochten in enger Verbundenheit.

Untrennbar, unzerstörbar,
gelebtes Leben,
gibst Du Halt in unruhigen Zeiten.

Mit Sicherheit und Verlässlichkeit,
immer dann, wenn es darauf ankommt.
Sie kommt ganz bestimmt.

Die Zeit, in der sie alles ist, was bleibt.

ANGST

Die Angst vor dem Scheitern
zermürbt,
zerfrist,
zernagt
unser Denken.

Die Angst vor dem Scheitern
beflügelt,
befreit,
befördert
unser Tun.

Die Angst vor dem Scheitern –
was sie aus uns macht,
Mühlstein oder Grundstein für Großes –
das entscheidet ein jeder
ganz für sich allein.

AUF DEN LEIM GEGANGEN

Huhn hatte nachts 'nen schlechten Traum
und flüchtete auf einen Baum.

Es setzte sich nach kurzer Hast
auf einen großen dicken Ast
und merkte danach erst zu spät,
dass es dort nicht mehr weiter geht.

Der Bauer hatte Leim genommen.
Er war zu dem Entschluss gekommen,
den Hühnerdieb dort zu erreichen,
drum ließ er einen Ast bestreichen.

Nun saß das Huhn dort festgeklebt,
gackerte laut und war bestrebt,
die Freiheit wieder zu erlangen,
jedoch der Leim hielt es gefangen.

Fuchs kam und wähnte leichte Beute
und machte, was er schnell bereute,
'nen weiten Satz auf jenen Ast –
dort war'n sie jetzt zu zweit zu Gast.

Nun wurde auch der Bauer wach
und sagte sich, »ich schau mal nach«.
Er befreite schnell das Huhn
und ging zu Bett, um auszuruhn.

Die Quintessenz von dem Gedicht,
Fuchs überlebte seinen Irrtum nicht,
es lohnt sich nicht, auch aus Versehen,
jemandem auf den Leim zu gehen.

ZWEITE WAHL

Du bis misslungen
Ein Fehlversuch
Nicht gut genug
Aussortiert
Die Guten ins Töpfchen
Du kommst ins Tröpfchen
Wärst so gern bei den Guten gewesen
Doch du reichst nicht
Du bist nicht dabei
Bist draußen
Du bleibst übrig
Nachdem alle gewählt haben
Immer wieder hast du dich
Ganz hinten angestellt
Fußmatte warst du bisher
Ein ganzes Leben lang

Und dann tut der Himmel
Sich auf
Ganz plötzlich
Stehst du im Licht
Siehst du dich
Wirst du gesehen
In deiner ganzen Schönheit
Wahre Schönheit ist
Die Harmonie des Defekts
Denn nur sie macht dich einzigartig
Nicht die Uniformität der Perfektion

Versuch nicht zu sein, was Andere in dir sehen
Sei du selbst

Nur dann bist du schön
Nur dann bist du

SCHREI TROTZDEM!

Schrei, Vogel schrei.

Du kannst nicht,
weil sie Dir die Kehle
durchgeschnitten haben?

Schrei trotzdem!

SINNVOLL

Das Sinnlose macht Sinn,
denn es macht das Sinnvolle sinnvoll.

ERKENNTNIS

Die späte Erkenntnis
ist der frühen vorzuziehen.

Manchmal macht eben
Langsamkeit klüger.

FLEIß

Die Knochen noch ein wenig steif
nach dem langen Winter reckt er sich, streckt sich –
und stellt fest, dass er Hunger hat.

Vom Fleisch ist er gefallen, abgenommen hat er radikal
und deswegen glaubt er,
jetzt weiter keine Zeit verlieren zu dürfen.

Krabbelt heraus aus seiner kuscheligen Hamsterhöhle und
stiefelt los.
Hier ein paar Körner, dort ein Engerling,
frisst er sich durch den Sommer.

Im Herbst schließlich wird er rund und fett,
bis ihn, ganz kurz vor dem Winterschlaf,
die Katze erwischt.

Ratzeputz
frisst sie ihn auf –
und profitiert jetzt von seinem Fleiß.

Vielleicht hätte ihm ein ganz klein bisschen weniger
Engagement das Leben gerettet.
Hamsterweisheit.

ZWEIFEL

Es wird eine neue Idee geboren,
mit Tusch und Anfangseuphorie,
mit lautem Hallo
und großem Tamtam,
in den schillerndsten Farben
der Phantasie.

Dann dauert's nicht lang
und Du klopfst bei uns an,
schüttelst uns durch
und erinnerst uns dann,
dass oft nur der Wunsch
Vater des Gedankens ist
und meist nichts so endet,
wie es begann.

Du machst uns mürbe,
nächtelang hältst Du uns wach,
Sicherheit lässt Du nicht gelten.
Optimismus und Zweifel
wohnen unter einem Dach –
und doch trennen Euch Welten.

Dem Leichtsinn
nimmst Du seine Leichtigkeit.
Du bist der härteste Test,
aber dann, Stück für Stück,
wirst Du zur Wurzel der Erkenntnis
und machst unser Leben zum Fest.

BANK

Irgendwo im Nirgendwo
Steht meine Bank
Sie ist die Einzige ihrer Art
Im Umkreis vieler Kilometer
Hier sitze ich
Blicke auf die Ostsee
Atme tief durch
Brandung schlägt an den einsamen Kiesstrand vor mir
Wolken ziehen vorüber
Hinter mir die weite Ebene
Wiesen, Felder, vereinzelte eichene Riesen
Verharren dort stumm schon seit Jahrhunderten
Um mich nichts als Stille
Natur, Weite und über allem
ein endloser Himmel
Gedanken kommen und gehen
Irgendwann entsteht im Kopf
Diese wohltuende Leere
Ich denke nichts mehr
Zeit scheint still zu stehen
Sanfte Brise streift vom Meer
Über mich hinweg
Über die Wiesen und Felder hinter mir
Farben glimmen auf und erlöschen wieder
Schilf wiegt leis im Wind
Lasse ich mich treiben

Mit geschlossenen Augen
Höre jetzt erst die sanfte Dünung der Wellen
Überraschend laut gegen den Kies schlagen
Unablässig, eine Sinfonie aus wohl tausendfachen Tönen von
Rauschen
Durchströmt mich, durchströmt alles um mich herum
Ist alles Farbe, Licht, wogt in sanfter Bewegung
Hüllt alles ein
Vollkommene Einsamkeit und Harmonie

Und doch
Diese Bank ist durchaus bekannt
Ich habe davon erzählen hören
Von Menschen, die weit, weit entfernt leben
An Wochenenden kommen sie gern hierher
Ein Radfahrer nähert sich von Weitem
Stört meine Ruhe
Sein finsterer Blick verrät
Er hätte selbst gern hier Platz genommen
Und ich ahne, dass ich schon Viele verärgert haben muss

Denn ich sitze oft hier, auf meiner Bank
Irgendwo im Nirgendwo
*(Die Bank gibt's wirklich, in der Kieler Bucht, und ich werde
einen Teufel tun, auch nur irgend jemandem zu verraten, wo
genau sie steht ...)*

IN DEN SAND GESCHRIEBEN

Unsere Träume
Unsere Gedanken
Sich durch unser Leben ranken
Im Schatten großer starker Bäume

Unser Tun
Unser Lassen
Immer neuen Mut zu fassen
Ohne jemals auszuruhen

Unsere Lieben
Unser Leben
Wünsche niemals aufzugeben
Es ist alles – nur in Sand geschrieben

ENDLICH ZEIT!

Zeit, frei wie ein Adler am Himmel zu kreisen
Zeit, bevor's zu still wird, freche Lieder zu singen
Zeit, in alle Welt zu reisen
Zeit, Sinn in den Unsinn der Dinge zu bringen

Zeit, unbequeme Fragen zu stellen
Zeit, das Krumme wieder gerade zu biegen
Zeit, wenn ein »Dackel« kläfft, zurück zu bellen
Zeit, endlich die Kurve zu kriegen

Zeit, aus der Reihe zu tanzen
Zeit, sich gegen die fortschreitende Dummheit zu wehren
Zeit, nicht mehr Teil zu sein vom großen Ganzen
Zeit, gegen den Schwachsinn aufzubegehren

Zeit, mein Bündel zu schnüren
Zeit für Wein, den roten oder den weißen
Zeit, wieder den Wind in den Segeln zu spüren –
oder endlich gekonnt ins Gras zu beißen.

ZUG UM ZUG

Rastlos rattert er durch die Zeit.

Nur selten unterbricht er seine Fahrt,
macht Station,
um kurz durchzuschnaufen.
Und schon geht's weiter,
unaufhaltsam, kraftvoll.

Der Heizer wirft die Kohlen ein,
denn der Zug muss rollen,
immer schneller, immer weiter.
Nur ein Zug, der fährt,
macht schließlich Sinn.

Bleibt er irgendwann endgültig stehn,
verliert er seine Bestimmung,
also ist er zum Fahren verdammt.
Immer weiter, immer schneller
rollt er über das Land.

Und der Heizer schüppt die schwarze Kohle
in den gierigen Schlund des Kessels,
unablässig, immer schneller, immer schneller.
Stillstand wäre sein Tod,
rollt er stampfend durch die Zeit.

Wer nicht mehr mit kann,
den schüttelt er ab –
und der nächste Heizer
kommt an seiner statt.
Immer schneller, immer weiter.

Schwitzend stampft er
durch das weite Land,
seiner Bestimmung folgend.
Wie gezogen an einem unsichtbaren Band.
der Weg ist sein Ziel.

Drum merke:

Wenn Du auf einem solchen Zug
Deinen Dienst verrichtest –
spring rechtzeitig ab,
bevor der Zug entgleist,
irgendwann, irgendwo, im Nichts.

DIE NACHT, IN DER DIE KUH ISABELLA FLIEGEN LERNTE

Isabella war einfach zu weit gegangen. Von Hause aus war sie eine Kuh. Und zwar eine Reinrassige. Ihr Stammbaum belegte dies höchst eindrucksvoll. Da war nichts dazwischen, seit Generationen, das einen störenden genetischen Fingerabdruck hätte hinterlassen können. Kein Hund, kein Hase und schon gar keine Giraffe.

Und genau da lag der Hase im Pfeffer begraben. Denn letztere (Giraffe) wäre natürlich mit ihrem langen Hals mühelos in das höher gelegene Astwerk vorgedrungen und hätte sich an den saftigen jungen Trieben des alten Baumes vergangen – und natürlich an den leckeren Früchten.

Isabella aber hatte ja keine Giraffe in sich und daher auch keinen langen schönen Hals. Etwas übermütig setzte sie sich also in Bewegung, um sich nach einigen Mühen schließlich auf den Baum zu zwängen. Und da stand sie nun im zweiten Stock des alten Baumes und wusste nicht so recht, wie es nun weitergehen sollte. Sollte sie noch weiter hoch zu den reifen Früchten oder war doch eher der reumütige Rückzug angesagt?! Da stand sie nun also und wusste nicht mehr vor und nicht mehr zurück.

Der Bauer staunte nicht schlecht, als er die Weide betrat, um nach dem Rechten zu sehen. Der Lärm der übrigen Kühe hatte ihn stutzig gemacht. Denn die ganze Kuhverwandtschaft von Isabella stand gerade unter dem Baum und muhte bunt durcheinander. Jeder hatte einen anderen Rat an Isabella, doch die dumme Kuh rührte sich einfach nicht mehr vom Fleck.

Und weil auch der Bauer selbst nicht so recht weiter wusste, holte er den Rat eines Experten ein. Der kam auch bald, runzelte kopfschüttelnd die Stirn und meinte, laut Statistik stünden Kühe nicht auf Bäumen herum. Und da nicht sein könne was nicht sein darf, wäre diese Kuh also gar nicht da oben auf dem Baum. So ging er trotzig – immer noch kopfschüttelnd.

Der zweite Experte gab immerhin zu, dass es Isabella da oben im Geäst wirklich gab. Er riet dem Bauern zu kalten Wickeln für die Kuh und meinte, es könne außerdem nicht schaden, der Kuh künftig den Alkohol zu entziehen – wenigstens so lange, bis sie wieder bei klarem Verstand wäre.

Es war inzwischen dunkel geworden. Der Bauer war ratlos nach Hause gegangen und auch die vorlaute Kuhverwandtschaft hatte sich unweit des Baumes zur Ruhe begeben. Die übermütige Kuh Isabella war also wieder ganz allein. Sie nippte hier, sie zupfte da und dann kletterte sie in den dritten Stock und schlug sich schließlich so richtig ihren Ranzen mit Früchten voll.

Da fiel ihr der Rat ihres Papas ein, den er ihr, als sie noch klein war, mit auf den Weg gegeben hatte: »Höre nicht auf den Rat von Experten und anderen Besserwissern. Tu einfach das, was Du für Dich für das Beste hältst. Du musst nur immer an Dich glauben und Deinen eigenen Weg gehen.« Und dann kniff sie ihre großen runden Augen zu und sprang mit einem riesigen Satz durch den dritten Stock des Baumes hinaus in den Himmel. Sie strampelte mit den Beinen, flatterte mit den Ohren und mit ihrem Schwanz lenkte sie.

Es sah vielleicht nicht so gekonnt aus wie bei den Reihern, die immer auf ihrer Wiese nach Fröschen suchten und so chic starten und landen konnten. Aber sie flog. Sie flog wirklich – und darauf war sie mächtig stolz. Schade, dass sie niemand sehen konnte, dachte sie noch bei sich, denn es war jetzt richtig dunkel geworden.
Sie flog also unbeachtet von den anderen eine weite Runde um die Weide – und dann gleich noch eine – bevor sie sich schließlich, nach einer durchaus akzeptablen Landung, wieder still und leise zu ihrer Verwandtschaft legte.

Und während sie erschöpft aber glücklich einschlief, nahm sie

sich noch ganz fest vor, irgendwann in ihrem Leben noch ein-
mal etwas zu tun, was sie sich bislang nicht zugetraut hatte.
Und dies würde sie dann auch schaffen. Das wusste sie jetzt
ganz genau ...

DER ALTE

Einsam steht er da.

Um sich herum nichts als die weite Ebene
sich bis an den Horizont ziehender kahler Ackerflächen,
nur hier und da durchbrochen von schmalen Graten
aus spärlichem Gras und dürrem Buschwerk.

Erbarmungslos zieht der Sturm über das Land
und treibt die klirrende Kälte in die tiefen Furchen,
die die vergangenen Jahrhunderte
in die Haut der alten Eiche gegraben haben.

Trotzig streckt sie ihre kahlen knorrigen Arme
in den grauen Winterhimmel.

Der erste Schnee ist gefallen
und legt sich sanft auf die kräftigen Wurzeln,
mit denen sich der alte Riese
tief hinein in den steinigen Boden gegraben hat.

Als es Abend wird, nähert sich langsam der greise Bauer.
Schritt für Schritt stapft er voran, der Anhöhe entgegen,
auf der seit ungezählten Ewigkeiten
sein alter Freund über die Ebene wacht.

An seinem Ziel angekommen
bleibt er schließlich mit dampfendem Atem vor dem Koloss
stehen.

Er denkt an die Generationen seiner Familie,
die hier schon Schutz gesucht haben vor den Stürmen ihres
Lebens,
Trost in schwierigen Momenten –
oder einfach nur ein schattiges Plätzchen
für stille Augenblicke im Zwiegespräch schwerer Entscheidun-
gen.

Respektvoll senkt er den Blick.
Er ahnt, auch sein Sohn wird eines Tages hier stehen –
und später vielleicht dessen Kinder.
Der Alte wird da sein. Er wird nichts sagen. Das hat er nie ge-
tan.
Aber er wird da sein.

Wind kommt auf.
Dichtes Schneetreiben setzt ein.
Der alte Mann dreht sich um
und stapft langsam zurück ins Tal.

Es war sein letzter Besuch.

AUF'M MARKT

»Geb'n Se vier von den Zitronen – ach, und dann gleich noch
ein Pfund von den Herzkirschen. Man, sind die schön dunkel.«
Ein buntes Gewimmel von Farben umgibt die Kolonnen von
Ständen, die dem geschäftigen Treiben einen Rest von diszi-
plinierter Ordnung verleihen.
Im anarchischen Chaos drum herum Stimmengewirr, immer
lauter werdend beim Näherkommen.
Der Duft frischer Erdbeeren. Die leuchtende Farbenpracht
der Schnittblumen, die sich in blauen Eimern schon darauf
freuen, am Tag danach den sonntäglichen Frühstückstisch zu
schmücken.
»Der Bund Karotten für einen Euro zwanzig, die Dame?«
Ein Bengel lässt geschickt einen großen knallroten Apfel unter
seine Jacke gleiten.
Luftnot vor dem gut besuchten Käsestand.
Eine Ahnung von Essig, wo die eingelegten Gurken winken.
Zwei ältere Herren im Gespräch, während ihre Gattinnen auf
die Jagd nach süßen Weintrauben gegangen sind.
Anis umweht die Wartenden am Gewürzstand.
Am Wurststand duftet's nach Gebrühtem: »Eine Kümmel mit
Senf – aber bitte von dem Extrascharfen ...«.
Die Hände in die Hüften gestemmt mustert die kräftige
Marktfrau die Kundin. Dann schaufelt sie Kartoffeln in die
offen entgegen gehaltene Tasche der alten Frau.
Im Hintergrund plätschert das Wasser des Marktbrunnens.
Kinder spielen Schiffeversenken und tauchen die Hände laut

johlend tief ins erfrischende Nass.

Im Schatten einer alten Buche sucht eine Großmutter Schutz
vor der vom wolkenlosen Himmel lachenden Sonne.

Stolz tragen zwei junge Männer ihre Beute an mir vorbei
nach Hause.

»Und von dem Zwiebelmett noch ein Pfund bitte.«

Gegen Mittag kehrt langsam Ruhe ein. Manche kommen erst
jetzt, um noch kurz vor Schluss Schnäppchenpreise auszu-
handeln.

Als dann die Marktbauern einpacken, suchen verstohlen noch
einige Interessenten zwischen den alten Apfelkisten nach
Exemplaren, die mit ersten dunklen Stellen durch die Quali-
tätskontrolle der Kunden gefallen sind.

Die Reinigungskolonne kommt mit einem großen Wagen und
fegt die Reste auf dem Kopfsteinpflaster zusammen.

Dann kehrt langsam wieder Ruhe ein –
auf'm Markt in unserem kleinen Städtchen.

DER MALER

Früh war er im Morgengrauen aufgestanden – wie jeden Tag. Er warf sich seine verblichene alte Jacke über, nahm sich seine Leinwand, die Staffelei und den kleinen Koffer mit einer Unmenge von Pinseln und seiner Palette. In diesem kleinen Köfferchen bewahrte er auch das Wertvollste auf, dass er besaß. Es waren seine Farben. Erstmals konnte man jetzt draußen vor der Natur malen, weil man diese modernen Farben nicht mehr mit Leinöl im Atelier anmischen musste. Die neuen Farben kamen jetzt aus der Tube. Sie konnten direkt auf die Leinwand aufgetragen werden.

Seitdem malte er seine Landschaften draußen in der Natur. Er wollte die unterschiedlichen Lichtstimmungen einfangen. Und so malte er denselben Heuhocken immer wieder, früh im dunstigen Morgennebel und mittags unter der gleißenden hoch stehenden Sonne. Am intensivsten aber waren die Farben des späten Abends. Was für ein Feuerwerk entbrannte dann auf seiner Leinwand.

Die Jahre gingen ins Land. Tag für Tag verbrachte er in der Natur. Er malte und malte, doch niemand interessierte sich für seine Kunst. Er hielt sich mit Gelegenheitsarbeiten über Wasser, denn von irgendetwas musste er seine Unterkunft und natürlich vor allem seine Leinwände und die teuren Farben bezahlen.

Wenn er gerade nicht malte, zog er mit seinem kleinen Handwagen über das Land. Überall klopfte er an, aber niemand wollte seine Bilder kaufen. Nur manchmal tauschte er eines gegen etwas Wurst, Käse oder ein kleines Stückchen Butter ein.

Seine Einsamkeit bedrückte ihn. Immer häufiger brach er den Kontakt zu den wenigen Menschen, die ihm noch geblieben waren, ab. Richtig glücklich war er nur, wenn er es fertig gebracht hatte, das intensive Spiel von Licht und Farbe auf seine Leinwand zu bannen. Dann saß er dort draußen im Schatten irgendeines Baumes, völlig erschöpft. Die Selbstzweifel, die ihn immer wieder angesichts seines konstanten Misserfolgs draußen bei den Menschen plagten, waren dann wie weggeblasen. In diesen Momenten wusste er, dass er etwas konnte. Er war ein richtiger Maler. Die Farben gehorchten ihm.

Im Laufe der Jahre verzichtete er immer mehr darauf, die Dinge realistisch darzustellen. Er verwandelte die Täler und Wälder, die er sah, immer mehr in farbige Flächen. Erst auf den zweiten Blick erahnte der aufmerksame Betrachter einzelne Bäume, Häuser oder gar Menschen. Alles war schließlich nur noch Licht und Farbe.

Die wenigen, denen er seine Bilder noch zeigte, schüttelten jetzt endgültig nur noch mit dem Kopf. Er habe den Verstand verloren, meinten sie, sprachen von Kinderschmierereien. Das war der Moment, in dem er sich schließlich völlig in sich zurückzog.

Immer seltener ging er jetzt noch nach draußen. Das Malen stellte er völlig ein. Während seiner langen Aufenthalte draußen in der Natur bei Wind und Wetter, oft in durchnässten Kleidern, völlig in Gedanken verloren und versessen auf den Versuch, die Farben der Witterung für seine Kunst einzufangen, hatte er sich zuletzt eine Lungenentzündung zugezogen. Zunächst hatte er das Fieber ignoriert. Erst, als ihm das Atmen immer schwerer fiel und das Husten ihn nicht mehr verließ, stapfte jemand los und holte einen Arzt .

Es ging ihm schlecht. Seine Tage waren gezählt. Der Arzt kam täglich, verabreichte Medikamente, verordnete warme Wickel, doch er konnte ihm nicht mehr helfen. Beim letzten Besuch fragte der Alte, wohl wissend, dass es mit ihm zu Ende ging, womit er den Arzt denn für seine Mühe bezahlen dürfe. Schließlich wolle er nichts schuldig bleiben. Geld war keines da und als der Arzt sich in der Kammer des Todkranken umsah, der blickte er auf all' die bemalten Leinwände, stumme Zeugen eines langen Künstlerlebens. Und um dem Alten eine Freude zu machen, suchte er sich das letzte Bild aus, das gerade in seiner Nähe stand. Er verabschiedete sich. Der Alte lächelte matt, hatte er doch gerade sein erstes Bild veräußert. Nur wenige Tage später starb er.

Es kam, wie es kommen musste. Der Arzt vergaß den alten Mann. Er vergaß auch das Bild, das er irgendwo abgestellt hatte. Erst Jahre später fand er es zufällig beim Aufräumen wieder. Er nahm es hoch, schaute es an und je länger er es anblickte, desto mehr interessierte es ihn. Zunächst waren es nur bunte Flächen, doch dann begannen sich diese Farben vor seinen Augen zu einer Landschaft zu vereinen. Er nahm das Bild mit, ließ es vom Schmutz reinigen und er gönnte ihm einen prächtigen Rahmen. Dann suchte er dafür den schönsten Platz in seinem Haus aus. Dort hing es jetzt und jeder seiner Gäste schwärmte, wie atemberaubend, sensationell und erfrischend modern es gemalt sei. Wer denn der Künstler sei, wollte ein Besucher wissen. Der Hausherr jedoch erinnerte sich nicht mehr.

DER SPIELER

Er kommt wie aus dem Nichts.

Sein schmales asphaltgraues Gesicht
zeigt nicht die geringste Regung,
seine toten Augen
blicken teilnahmslos ins Leere.

Wortlos schiebt er sich vorbei an den Amateuren
bis direkt an den Spieltisch.

Die Eleganz seines dunkelblauen Nadelstreifenanzugs,
die diamantbesetzte feine Krawattennadel,
die maßgeschneiderten Schuhe in edelstem Chic
geben seiner Erscheinung etwas absolut Solitäres.

Seinesgleichen stellen sich nicht an irgendeiner Kasse an,
um sich ihren Einsatz in Spielchips wechseln zu lassen.

Mit stumpfem Blick fasst er in die Innentasche seines Anzugs,
holt drei Fünfhundert-Euro-Scheine hervor
und schiebt sie dem Croupier zu.
Der wiederum kennt seinen Stammgast und wechselt wortlos
in Jetons.

Es schnippt die Roulettekugel
mit einer schnellen Bewegung ins Spiel.
Ohne die geringste Emotion
verteilt der Spieler seine Chips auf dem Spieltisch.

»Rien ne va plus«.
Die Kugel sucht sich ihren Weg,
fällt schließlich in eines der schwarz-roten Felder,
der Croupier verteilt die Gewinne – der Rest geht ans Haus.

Seinen Totalverlust nimmt der Professional kaum wahr,
greift statt dessen wieder ins Futteral seines Anzugs,
erhält vom Croupier sein nächstes Plastikgeld,
verteilt es auf dem gesamten Spieltisch – und verliert erneut
alles.

Wie von einer zerstörerischen inneren Kraft getrieben
wiederholt er das Ganze noch einige Male.
Verloren.
Schließlich der Ansatz eines flüchtigen Lächelns.

Dann ist er – irgendwie erleichtert – wieder verschwunden.

DRAHTSEILAKT

Es ist still, totenstill, als er den ersten Schritt macht. Langsam setzt er den Fuß auf das zwei Zentimeter dicke Stahlseil. Der erste Schritt hat etwas Befreiendes. Er versucht seinen Puls niedrig zu halten. Wieder ein Schritt. Nur von fern hört er dumpf die Stimmen der Menschen, die zweihundert Meter unter ihm mit weit aufgerissenen Augen jede seiner Bewegungen verfolgen.

Er hat nichts außer seiner Balancierstange, die er breit vor dem Körper trägt. Sie soll ihm Stabilität geben, wenn ihn eine der gefürchteten Böen erwischt. Wieder ein Schritt. Es geht bergauf, viel steiler, als er gedacht hat. Fünfzehn Grad Steigung hatten es sein sollen. Jetzt sind es neunzehn Grad. Es fühlt sich an, als ginge es senkrecht nach oben.

Immer weiter geht er, Schritt für Schritt, in gleichmäßigem Rhythmus, einen Fuß vor den anderen setzend. Das Hauptseil ist mit Dutzenden von Halteseilen verspannt, um selbst kleinste Schwingungen zu vermeiden.

Die Hälfte ist geschafft, da erwischt es ihn doch. Eine leichte Böe drückt ihn plötzlich weg vom Seil. Adrenalin schießt ihm durch den ganzen Körper. Er reiß sein Bein hoch. Seine Hände umklammern die Balancierstange. Er erlaubt seinem Atem nicht, davon zu jagen. Zwingt sich mit schier übermenschlicher Kraft, konzentriert zu bleiben. Nur totale Konzentration hilft ihm, die Angst unten zu halten. Siegt die Angst, ist es sein Ende. Er gewinnt die Kontrolle über sich zurück. Jetzt weiß er, dass er es schaffen wird. Er hat seinen Rhythmus wieder gefunden. Rhythmus ist alles in so einer Situation.

Erst jetzt spürt er die Kälte. Jetzt nur nicht nach unten schauen. Die letzten Schritte, dann hat er es geschafft.

Unter ihm hört er die Menschen erleichtert applaudieren. Er hat es geschafft. Er hat es wirklich geschafft. Jetzt sieht er am Horizont die Sonne aufgehen. Ein neuer Tag erwacht. – Es wird sein Tag werden.

REGENTAG

Der erste Tropfen schlägt gegen das Fensterglas. Dann noch
einer. Immer dichter werden die Pfützen auf der Scheibe.
Kleine Flüsschen beginnen sich zu bilden, verbinden sich zu
immer breiter werdenden Strömen. Alles gerät mehr und
mehr in Bewegung. Fließt und fließt. Immer stärker. Das Klop-
fen der Tropfen an die Fensterscheibe wird zu einem gleich-
tonigen Rauschen. Nicht mehr fassbar durchdringt dieses
Rauschen jeden Raum der kleinen Wohnung.

Die Menschen draußen auf dem Boulevard drängen sich
unter großen Marktschirmen. Männer springen mit hochge-
schlagenem Kragen über den glänzenden, die Lichter reflek-
tierenden Asphalt. Die eben noch dicht besetzten Bänke des
Biergartens gegenüber auf der anderen Straßenseite sind
verwaist. Das Wasser steht auf den Tischen. Die Stimmen sind
verstummt. Alles duckt sich unter die Schirme. Die Marktfrau-
en hinter ihren Ständen haben schnell Planen über ihr Obst
geworfen und stehen jetzt missmutig herum. Zuviel Wasser
von oben ist schlecht für's Geschäft. Es ist blitzartig dun-
kel geworden. Die Scheinwerfer der vorbeifahrenden Autos
wischen nur kurz über die Szenerie. Das Wasser steht auf
dem Asphalt der Straße, sucht sich seinen Weg in den Kanal-
schacht, der jedoch schon bald unter den Flutmassen ächzt.

Das Rauschen des dichten Regens ist allgegenwärtig, über-
tönt jedes Geräusch, legt sich wie ein zähflüssiger Brei über

das eben noch so lebendige Treiben in der Stadt. Alles ist jetzt Gleichton, ist trostloses Einerlei tristen Graus.

Der Regen färbt den angrenzenden Park monochrom. Grau in Grau versinken alle Farben in stumpfer Tristess. Die Tropfen schlagen auf den kleinen Teich, versetzen die Wasseroberfläche in sich kreisförmig überlaufende Wellen. Alles Wasser erzittert unter der Last der Einschläge, vibriert, schwappt sanft über den Uferkies. Das dumpfe monotone Rauschen durchdringt das Blattwerk der mächtigen alten Bäume, die stoisch nach wie vor ihre Äste in den immer dunkler werdenden Himmel recken. Das Wasser läuft über die Blätter herab, schlägt klatschend auf das triefende Gras, auf dem sich längst die ersten Pfützen gebildet haben.

Schon bald kann der Boden die Unmengen des niedergehenden Regens nicht mehr fassen. Immer größer werden die Wasserflächen auf dem Grün. Sturm kommt auf. Blitze zucken horizontal über den jetzt pechschwarzen Himmel und tauchen den verlassenen Park sekundenlang in ein gespenstisches Licht.

Dann plötzlich, schlagartig, wie von fremder Hand gesteuert, stoppt das Inferno. Es hört auf zu regnen. Das alles durchdringende Rauschen verliert seine Kraft. Es wird plötzlich still. Nur das Tropfen des Wassers von den Blättern der Bäume durchbricht immer wieder die Stille. Alles liegt jetzt wie verzaubert in dichtem Nebel. Schwer steht die schwüle Feuchte zwischen den Bäumen im Park. Die Vögel verlassen den sicheren Schutz des dichten Blattwerks. Die Menschen lugen unter ihren Schirmen hervor. Eifrige Hände wischen das Wasser von Tischen und Bänken. Die Marktfrauen ziehen gleichmütig ihre Planen von ihren Waren.

Dann bricht die Sonne durch die auflockernde dichte Wolkendecke. »Ja bitte«, blickt die alte Marktfrau ihre erste Kundin fragend an.

GIPFEL

Sein Leben lang hatte er sich auf diesen Tag vorbereitet. Er wollte auf den Berg. Er packte seine Sachen und ging los. Immer weiter, immer höher. Die Vegetation wurde immer spärlicher. Der Wind durchdrang seine Kleidung. Immer häufiger musste er pausieren.

Unaufhaltsam rückte der einst so unerreichbar scheinende Gipfel näher. Mehrfach schien es, als ob die Kräfte nicht ausreichen würden. Immer häufiger schüttelten ihn Krämpfe. Und dann, am Ende des Tages schließlich, erreichte er sein Ziel.

Reglos stand er da. Er hatte es tatsächlich geschafft. Er ließ seinen Blick schweifen, sah all die anderen Gipfel und Täler unter ihm. Er hatte es wirklich geschafft.

Das war der Moment, als er erschrak. Mitten in die schier grenzenlose Euphorie hinein mischte sich das Erschrecken über die Tatsache, dass er jetzt alles erreicht hatte. Was würde am nächsten Morgen den Sinn seines Lebens ausmachen? Was wäre sein nächstes großes Ziel, das ihn Tag für Tag motivieren würde, aufzustehen und sein Leben zu leben. Was würde ihn antreiben, seinen inneren Motor, all die schönen wie die schwierigen Momente seines künftigen Lebens auszuhalten?

Das war die Sekunde, in der er völlig jeden Halt verlor.
Er sollte nie wieder in sein Tal zurückkehren.

RAUS

Es ist kalt. Kurz über dem Gefrierpunkt. Eric schält sich widerwillig aus seinem Schlafsack. Er zieht den Reißverschluss seines kleinen Zeltes auf. Seine Herde ist schon wach. Der Morgennebel steht noch dicht und undurchdringlich über der Weide. Ein wenig Wasser aus dem Kanister, Katzenwäsche nur, denn er hat keine Zeit zu verlieren.

Bodo, sein Bordercollie, ist schon unterwegs. Alles ist antrainiert. Mit kurzen Pfiffen dirigiert Eric seinen Hütehund. Der treibt routiniert die verstreute Herde zusammen, während Eric sein Zelt und den mobilen Weidezaun abbaut und sicher verpackt.

Eric hat die schmale Landstraße immer im Auge. Zwar verirrt sich um diese Zeit kaum ein Auto in die einsame Gegend, aber sicher ist sicher. Er hat sich auf der Straße aufgebaut, während Bodo die Tiere die schmale Gebirgspiste hochtreibt. Es sind nur wenige Kilometer, die sie heute zu laufen haben. Dann werden die neuen Weidegründe erreicht sein.

Er hatte sich nicht aufgegeben. Im Gegenteil. Er war durchgestartet in ein neues – besseres – Leben. Anlageberater war er gewesen. Für ein großes Bankhaus hatte er solvente Kunden »beraten«. Immer an der Grenze des Erlaubten. Er war erfolgreich, doch der Druck wurde immer größer. Der internationale Wettbewerb, Anteilseigner, Aktionäre. Sie alle

wollten ihren Anteil vom Kuchen. Im Auf und Ab der Finanz-
ströme hatten viele seiner Kunden schließlich alles verloren.
Die Blase war geplatzt. Sie hatten es alle gewusst, aber jeder
wollte noch bis zum bitteren Ende abkassieren.

Er war abgesprungen, kurz bevor alles zerbrach. Er hatte mit
dem Bauern des kleinen Dorfes gesprochen, von dem aus er
immer in die City gependelt war. Der hatte ihm den Tipp ge-
geben.

Eric stapft hinter seinen dreißig Schafen die Schotterpiste
hoch. Es ist wärmer geworden. Sie haben ihr Tagesziel er-
reicht. Bodo treibt die Herde den steilen Hang hinauf. Dann
kehrt Ruhe ein. Schnell baut Eric mit wenigen Handgriffen
den mobilen Weidezaun auf.

Bereits im Winter hatte er die Route mit den hiesigen Bauern
abgesprochen. Immer frisches Gras und genug zu trinken.
Das ist essentiell für den Fortbestand seiner Herde. Die Bau-
ern, von denen viele ihre Viehwirtschaft längst aufgegeben
haben, lassen ihn und seine Schafe gern auf ihre Hanglagen,
die mit schwerem Gerät nicht mehr bearbeitet werden kön-
nen. Mit seinen Schafen sorgt Eric dafür, dass die Weideflä-
chen nicht mehr und mehr verwalden. Auch die Artenvielfalt
von Pflanzen und Insekten bleibt so gewahrt.

Eric hat sich inzwischen auf einem kleinen Holzstoß niedergelassen. Er ist nassgeschwitzt, blinzelt in die Sonne, blickt auf das Tal unter ihm. Ja – er hat seinen Weg gefunden. Die tägliche Gier nach mehr hat ihre Macht über ihn verloren. Er läuft nicht mehr im Hamsterlaufrad. Er lächelt und spürt, er hat die Kontrolle über sein Leben zurückgewonnen. Alles passt irgendwie wieder zusammen. Alles macht wieder in irgendeiner Art und Weise Sinn.

Er weiß genau, es ist alles andere als bequem, dieses neue Leben. Gleich wird er seinen Tieren die Hufe schneiden müssen. Und um die Schur der dichten Wolle wird er sich ebenfalls kümmern, damit die Tiere nicht so sehr unter der Hochsommerhitze leiden. Die Impfungen sind auch wieder fällig …

Viel Geld wird er für seine Wolle nicht kriegen. Es gibt kaum Nachfrage. Besser sieht es da schon für das zarte Fleisch seiner Lämmer aus. Er wird sich künftig intensiver um die Vermarktung kümmern. Irgendwie müssen er und seine Tiere ja über den Winter kommen.

Vorträge könnte er dann halten über die Vorzüge des einfachen Lebens. Es könnte sich rechnen, wenn er sich ran hält.

BEVOR ICH GEH'

Auf ein Wort noch
Blick zurück
Möchte ich Dich leise drücken
Danken für ein großes Glück
Nochmal fühlen, wie es ist
An irgendeinem fernen Strand
Gemeinsam unsre Spur zu ziehn
Durch den weißen glatten Sand

Nochmal andächtig zu lauschen
Wenn Regen an die Scheiben klopft
Uns unendlich reich zu fühlen
Wasser von der Decke tropft
Nochmal die Option zu haben
Und zu scheitern mit Bravour
Unsern eig'nen Weg zu suchen
Hoffnungsvoll und manchmal stur

Zeit wischt über uns hinweg
Macht in Kürze alles nichtig
Löscht sie alles Leben aus
Nichts bleibt bestehn, ist wirklich wichtig
Warum sag ich das erst jetzt
Dich zu sehn, es tut mir weh
Würd' gern nochmal lustig sein –
Bevor ich geh'